LA RESPONSABILITÉ

DES

FONCTIONNAIRES

ET

LES DROITS DES CITOYENS

LA RESPONSABILITÉ
DES
FONCTIONNAIRES
ET
LES DROITS DES CITOYENS

PAR

Victor EMION

SOUS-PRÉFET DE REIMS (1871)

Avocat à la Cour de Paris

> La garantie sociale ne peut exister si la responsabilité des fonctionnaires publics n'est pas assurée (*Constitution* du 5 fructidor du III).

PARIS

LIBRAIRIE UNIVERSELLE DE ALFRED CHERIÉ, ÉDITEUR

(SUCCr DE LE BOUCHER JEUNE)

13, RUE DE MÉDICIS, 13

Roanne. — Imprimerie E. FERLAY.

AVANT-PROPOS

Le décret du 19 septembre 1870, qui abroge l'article 75 de la Constitution de l'an VIII, a fait disparaître la malencontreuse impunité dont jouissaient les fonctionnaires publics. Aujourd'hui le ministère public et les particuliers peuvent poursuivre directement devant les tribunaux les agents du gouvernement, comme tous autres citoyens, sans avoir besoin de réclamer l'autorisation du Conseil d'Etat.

Mais le décret de 1870, pris au milieu des difficultés de la guerre et au lendemain du 4 septembre, n'a pas été assez mûrement élaboré pour que la rédaction en fût claire, précise et complète ; il présente des lacunes regrettables qui diminuent l'avantage de la mesure nouvelle.

Nous avons pensé qu'il serait utile et intéressant : De rechercher quels avaient été les résultats de la garantie constitutionnelle, ou pour mieux dire, de la garantie des abus consacrée par la Constitution de l'an VIII ;

De démontrer l'importance et l'utilité du principe posé par le décret de 1870 ;

De signaler l'imperfection de la rédaction de ce décret, les lacunes graves qu'il présente et les mesures à prendre pour que la responsabilité des fonctionnaires existe réellement.

Tel est le but du travail que nous livrons au public.

Nous croyons, quant à nous, que le décret nouveau, une fois complété, serait une arme puissante contre le retour du régime que nous avons subi pendant dix-huit ans et qui a précipité la France dans la guerre meurtrière de 1870. Une grande enquête ouverte devant la justice sur les actes des fonctionnaires de l'Empire, depuis un certain nombre d'années, ne pourrait manquer d'ouvrir les yeux aux moins clairvoyants et de détacher du parti bonapartiste tous les hommes véritablement honnêtes.

Nous serions fier si notre petit livre amenait ce bienheureux résultat.

LA RESPONSABILITÉ

DES

FONCTIONNAIRES

ET LES DROITS DES CITOYENS

I.

HISTORIQUE — La monarchie de droit divin. — La Révolution. — Le Consulat et la garantie constitutionnelle. — Le premier Empire. — La Restauration. — La monarchie de Juillet. — La République de 1848. — La Constitution républico-impérialiste de 1852. — La Révolution du mépris. — Le décret du 19 septembre 1870.

Qui pourrait le croire ? Avant 1789, au beau temps de la monarchie de droit divin, certaines personnes, investies de l'autorité publique, pouvaient être poursuivies sans autorisation préalable du gouvernement. Ainsi, d'après une ordonnance de 1629, les commandants militaires pouvaient être traduits devant les juges ordinaires et prévots pour « crimes et » excès commis dans l'enclos de leur garnison, » tant contre les bourgeois ou habitants des » lieux où ils étaient logés, qu'envers les peu-

» ples de la campagne (1), » et cette disposition fut étendue plus tard aux malversations commises par les intendants des provinces.

Un tel état de choses, à une telle époque, paraît incroyable, et cependant le fait est parfaitement certain ; le texte de l'ordonnance de 1629 est formel.

Seulement, — car, en matière de liberté octroyée par les pouvoirs monarchiques, il y a toujours un seulement, — cette apparente concession faite à la justice n'était qu'une amère dérision. Les commandants militaires et les intendants des provinces pouvaient bien être déférés aux tribunaux ordinaires, mais à la condition que cela plaisait au Roi. En effet, celui-ci s'était fort habilement réservé le droit d'évoquer l'affaire, chaque fois que cela lui conviendrait, ce qui lui permettait d'enlever, suivant son bon plaisir, au pouvoir judiciaire la connaissance des crimes et délits commis par les agents du gouvernement.

M. Mangin, dans son *Traité de l'action publique*, appelle cela *veiller* sur les agents du gouvernement. « Si quelques écrivains, dit-il, ont » réclamé contre ces garanties (la nécessité de » l'autorisation pour les poursuites contre les » fonctionnaires publics), c'est qu'ils n'ont pas

(1) *Ordonnance* de janvier 1629, art. 342.

» réfléchi que leur suppression investirait les » tribunaux d'un pouvoir plus considérable que » celui des anciens parlements ; si ceux-ci te- » naient de l'art. 209 de l'ordonnance de 1629 » le droit de connaître des violences exercées » contre les sujets du roi par les commandants » militaires ; si ce droit s'était étendu aux mal- » versations commises par les intendants des » provinces créés postérieurement, le roi veil- » lait néanmoins sur ses agents ; toutes les fois » qu'il le jugeait à propos, il évoquait à son » conseil les procédures dirigées contre eux, et, » par ces évocations de propre mouvement, » dont les formes furent réglées par l'art. XIV » des lettres patentes du 22 octobre 1648, il » décidait s'il statuerait lui-même, ou si l'af- » faire resterait soumise aux tribunaux (1). »

Nous verrons plus tard si, quoi qu'en dise M. Mangin, les écrivains dont il parle n'avaient pas parfaitement raison de s'élever contre des garanties constitutionnelles dont le seul effet était d'assurer l'impunité aux fonctionnaires publics, et de violer ainsi le principe de l'égalité

(1) T. 2, n° 241 — *Déclaration* du 22 octobre 1648, art. XIV. « Voulons aussi qu'il ne soit délivré aucune lettre d'évoca- » tion générale ou de propre mouvement, ainsi que les Requêtes » de ceux qui poursuivront les dites évocations, soient rapportées » en notre dit conseil par les Maîtres des Requêtes qui seront » en quartier, pour y être jugées suivant les Edits et octroyées ; » parties ouïes et avec connaissance de cause et non autrement. »

de tous devant la loi ; mais il faut reconnaître, en tous cas, qu'il montre vraiment trop de condescendance pour les us et coutumes du pouvoir monarchique. D'après un vieux brocart de notre droit, *donner et retenir ne vaut* ; or, que faisait donc le roi, lorsque, après avoir attribué, par l'ordonnance de 1629, juridiction aux tribunaux ordinaires, il se réservait, par d'autres ordonnances, la faculté de statuer lui-même, si tel était son bon plaisir? En agissant ainsi, le roi ne faisait, suivant M. Mangin, que veiller sur ses agents ; nous croirions plus exact de dire qu'il les couvrait de sa haute protection et se préoccupait bien peu des intérêts des particuliers lésés par les exactions des fonctionnaires publics.

Nous avions donc raison de soutenir que l'apparente concession faite en 1629 n'était purement et simplement qu'une amère dérision.

La révolution de 1789 ne pouvait employer de tels procédés.

Après avoir aboli tous les priviléges et proclamé le principe de l'égalité des citoyens devant la loi, elle ne devait plus laisser aux fonctionnaires publics le droit exclusif de commettre impunément des crimes et des délits.

Aussi voyons-nous un décret du 28 février

1791 protéger les citoyens contre les exactions qui pourraient être commises par les fonctionnaires publics. « Si un fonctionnaire public,
» administrateur, juge, officier ministériel d'e-
» xécution, exerçait, sans titre légal, quelque
» contrainte contre un citoyen, ou si, même
» avec un titre légal, il employait ou faisait
» employer des violences inutiles, il sera res-
» ponsable de sa conduite à la loi et puni sur
» la plainte de l'opprimé, portée et poursuivie
» selon les formes prescrites. »

Malheureusement les formes prescrites ne protégeaient pas d'une manière bien efficace les intérêts des citoyens, car le droit de poursuivre les fonctionnaires publics n'était accordé aux particuliers que sous certaines restrictions.

Ce n'était plus pour maintenir les prérogatives de la royauté que ces restrictions étaient admises par la loi, c'était dans la crainte que le pouvoir judiciaire n'empiétât sur le pouvoir administratif. Par amour pour la liberté et surtout pour l'égalité, on exagérait la portée du principe de la séparation des pouvoirs, et, sous prétexte d'assurer le respect de ce principe, on violait, sans s'en douter, celui non moins précieux de l'égalité des citoyens devant la loi.

Ainsi, l'art. 61 du décret du 14 septembre 1789 exigeait, pour qu'un fonctionnaire public pût être poursuivi, l'autorisation préalable de l'administration ou du directoire du département, et cette autorisation devait être précédée de l'avis du directoire ou de l'administration du district.

La Constitution de 1791 déclarait bien les ministres responsables : de tous les délits commis contre la sûreté nationale et la constitution ; de tout attentat à la propriété et à la liberté individuelle ; de toute dissipation des deniers destinés aux dépenses de leur département. Et elle ajoutait, qu'en aucun cas, l'ordre du Roi, verbal ou écrit, ne pouvait soustraire un ministre à la responsabilité. Mais elle stipulait, en même temps, qu'un ministre en place ou hors de place, ne pouvait être poursuivi en matière criminelle, pour fait de son administration, sans un décret du Corps législatif (1).

D'après la Constitution de 1793, un conseil exécutif composé de vingt-quatre membres était chargé de la direction et de la surveillance de l'administration générale ; il ne pouvait agir qu'en exécution des lois et des décrets du Corps législatif ; il révoquait et remplaçait les agents à sa nomination ; il était tenu de les dénoncer, s'il y avait lieu, devant les autorités judiciaires ;

(1) *Constitution* des 3-14 septembre 1791, chap. II, sect. 4, art. 5, 7 et 8.

il était responsable de l'inexécution des lois et des décrets et des abus qu'il ne dénonçait pas ; enfin les membres qui le composaient étaient, en cas de prévarication, accusés par le Corps législatif (1).

La Constitution de l'an III posait le principe de la responsabilité des fonctionnaires publics, quels qu'ils fussent. Elle stipulait que, dans les cas où plus de deux membres du Directoire seraient mis en jugement, le Corps législatif, dont le Directoire était justiciable, pourvoirait, dans les formes ordinaires, à leur remplacement provisoire durant le jugement. Les ministres étaient déclarés respectivement responsables, tant de l'inexécution des lois que de l'inexécution des arrêtés du Directoire. Ce dernier pouvait annuler immédiatement les actes des administrations départementales ou municipales ; il pouvait suspendre ou destituer immédiatement, lorsqu'il le croyait nécessaire, les administrations soit de département, soit de canton, et les renvoyer devant les tribunaux de département, lorsqu'il y avait lieu. Les ministres pouvaient aussi suspendre les administrations qui auraient contrevenu aux lois ou aux ordres des autorités supérieures, et les administrations départementales avaient le même droit à

(1) *Constitution* du 24 juin 1793, art. 62, 65, 71. à 74.

l'égard des membres des administrations municipales.

D'un autre côté, la constitution proclamait de nouveau le principe de la séparation des pouvoirs. « Les fonctions judiciaires, disait-» elle, ne peuvent être exercées, ni par le Corps » législatif, ni par le pouvoir exécutif. Les » juges ne peuvent s'immiscer dans l'exercice » du pouvoir législatif, ni faire aucun régle-» ment. Ils ne peuvent arrêter ou suspendre » l'exécution d'aucune loi, ni citer devant eux » les administrateurs pour raison de leurs fonc-» tions. »

Et dans la crainte, manifestée déjà en 1789, que le pouvoir judiciaire ne cherchât à empiéter sur le pouvoir administratif, la Constitution donnait au Directoire exécutif le droit de dénoncer au tribunal de cassation, par la voie de son commissaire, et sans préjudice des droits des parties intéressées, les actes par lesquels les juges auraient excédé leurs pouvoirs (1). »

La Constitution de l'an VIII consacrait, comme les lois antérieures, la responsabilité des ministres et l'appliquait : à tout acte du gouvernement signé par eux et déclaré inconstitutionnel par le Sénat ; à l'inexécution des

(1) *Constitution* du 5 fructidor an III, (22 août 1795, art. 125, 159, 194, 196, 202, 203 et 262.

lois et des règlements d'administration publique; aux ordres qu'ils auraient donnés et qui auraient été contraires à la Constitution, aux lois ou aux règlements. Mais les ministres ne pouvaient être renvoyés devant une haute cour spéciale qu'après décision du Corps législatif.

Cette Constitution déclarait en outre que les agents du gouvernement, autres que les ministres, ne pourraient être poursuivis, pour des faits relatifs à leurs fonctions, qu'en vertu d'une décision du Conseil d'Etat (1).

C'est ce que l'on a pompeusement appelé la *garantie constitutionnelle*, laquelle s'appliquait non-seulement aux poursuites criminelles, mais encore aux actions civiles intentées au sujet des actes faits par les fonctionnaires publics, en leur dite qualité. On avait bien essayé de restreindre aux poursuites criminelles l'application de l'article 75 de la Constitution de l'an VIII ; mais ces tentatives échouèrent devant la persistance avec laquelle le Conseil d'Etat voulut couvrir d'une manière complète les fonctionnaires publics (2).

Le sénatus-consulte de 1802 ne contenait

(1) *Constitution* du 22 frimaire an VIII (13 décembre 1799), art. 72, 73 et 75.

(2) Voir notamment *arrêts* des 24 décembre 1818 et 1er décembre 1819 — Voir également l'arrêté du 19 thermidor an IX.

aucune disposition relative à la responsabilité des fonctionnaires publics ; il s'en référait donc sur ce point à la Constitution de l'an VIII (1).

Il en fut de même de la Constitution impériale de 1804, qui, sans rien innover au sujet des fonctionnaires publics, instituait une haute cour de justice, destinée à juger, dans certains cas et sur le renvoi du Corps legislatif, des membres de la famille impériale, des ministres, conseillers d'Etat et quelques autres dignitaires de l'empire. Nous n'avons pas besoin de retracer ici le tableau de la procédure compliquée à suivre en pareil cas et qui avait pour résultat, sinon pour but, de rendre, en fait, à peu près illusoire la responsabilité légalement consacrée ; mais nous devons faire remarquer que la haute-cour de justice pouvait prononcer, s'il y avait lieu, la condamnation aux dommages et intérêts civils (2).

Quant aux autres fonctionnaires publics, ils étaient soumis à la haute police administrative exercée par le Conseil d'Etat (3).

(1) *Sénatus-consulte* du 16 thermidor an X (4 août 1802).

(2) *Constitution* du 28 floréal an XII (18 mai 1804), art. 110 à 130.

(3) *Décret* du 11 juin 1806.

La Charte de 1814 devait, bien entendu, établir le gouvernement d'une façon toute différente que l'Empire ; mais elle ne contenait, pas plus que la Constitution de 1804, de disposition spéciale à la responsabilité des fonctionnaires publics. Elle posait seulement le principe que les ministres ne pouvaient être accusés que pour fait de trahison ou de concussion ; que le droit d'accuser les ministres appartenait exclusivement à la Chambre des députés et le droit de les juger à la Chambre des pairs (1).

On s'est demandé à cet égard si l'article 75 de la Constitution de l'an VIII ne se trouvait pas virtuellement abrogé, comme toutes les dispositions de cette constitution, par la charte royale de 1814. Malheureusement, sur cette question encore, les intérêts des administrés furent méconnus, et le Conseil d'Etat jugea par de nombreux arrêts que l'article 75 de la Constitution de l'an VIII devait continuer à recevoir son application. (2).

On put croire, quelque temps après, que la prétendue garantie constitutionnelle allait enfin disparaître, car l'acte additionnel à la Constitution impériale portait que l'article 75

(1) *Charte* des 4-10 juin 1814, art. 55 et 56.

(2) Voir notamment *arrêt* du 11 décembre 1814.

de la Constitution de l'an VIII serait modifié par une loi (1).

Mais la chute définitive de l'Empire replaça la France sous l'application de la Charte de 1814, et Louis XVIII se garda bien, cela va sans dire, de remplir les engagements pris par Napoléon Ier.

La Charte de 1830 promit, comme l'acte additionnel de 1815, une loi nouvelle sur la responsabilité des fonctionnaires publics (2) ; seulement cette loi, qui devait être rendue dans le plus court délai possible, ne l'était pas dix-huit ans plus tard, lorsqu'éclata la révolution de 1848. Divers projets avaient bien été présentés en 1832, 1834, 1836 et 1837 ; mais aucun n'avait abouti.

La Constitution de 1848 posait le principe général que le président de la République, les agents et dépositaires de l'autorité publique, étaient responsables, chacun en ce qui le concernait, de tous les actes du gouvernement et de l'administration.

Seulement, le président de la République ne pouvait être poursuivi que sur l'accusation

(3) *Acte additionnel aux Constitutions de l'Empire* du 22-23 avril 1815, art, 50.

(1) *Charte* du 14 août 1830 (art. 69).

portée par l'Assemblée nationale, et n'était justiciable que de la haute cour de justice.

Quant aux ministres, ils pouvaient, suivant les circonstances, être renvoyés par l'Asssemblée nationale, soit devant la haute cour de justice, soit devant les tribunaux ordinaires, pour les réparations civiles (1).

D'un autre côté, l'Assemblée nationale et le président de la République pouvaient, dans tous les cas, déférer l'examen des actes de tout fonctionnaire, autre que le président de la République, au Conseil d'État, dont le rapport était rendu public (2).

On avait proposé, lors de la discussion, d'attribuer au Conseil d'Etat une juridiction disciplinaire vis-à-vis des fonctionnaires publics

(1) « C'est pour la première fois, dit M. Dupin, dans son com» mentaire, que la législation constitutionnelle ouvre nettement » une action civile contre les fonctionnaires qui, par fraude ou » par faute, auront porté préjudice à l'Etat. Bien entendu que » la même action, et dans les mêmes formes, peut être aussi » donnée aux particuliers. » (p. 93) En parlant ainsi, M. Dupin semblait avoir oublié l'art. 262 de la Constitution de l'an III, l'art. 130 de la Constitution de 1804 et l'art. 34 ainsi conçu de l'acte additionnel de 1815 : « Les ministres et leurs agents subordonnés peuvent être poursuivis par les particuliers, à raison des » dommages qu'ils prétendraient avoir injustement soufferts par » les actes du ministère ou de l'administration. La requête est « portée devant la Chambre des Pairs, qui décide s'il y a ou non » lieu à poursuite. Si la poursuite est autorisée, elle a lieu devant » les tribunaux ordinaires. »

(2) *Constitution* du 4 novembre 1848, art. 68, 91, 98 à 100.

et de lui donner le droit de prononcer la peine d'interdiction des fonctions publiques pour un temps n'excédant pas cinq années. L'Assemblée repoussa cette proposition, que M. Dupin appelait, on ne sait trop pourquoi, « une sorte d'ostracisme politique (1). »

En 1849 fut présenté le projet annoncé par la Constitution de 1848 ; mais, grâce à la sage lenteur avec laquelle nous avons, en France, l'habitude de discuter les lois, surtout lorsqu'elles sont urgentes, ce projet n'était pas voté au moment où se produisit ce que l'on est convenu d'appeler trop justement « le crime du deux décembre. »

La Constitution qui fut généreusement octroyée par le prince président, à la suite du coup d'état, ne devait pas, bien entendu, assurer de sérieuses garanties aux intérêts des citoyens.

« Dans notre pays monarchique depuis » huit cents ans, dit le préambule de cette » Constitution, le pouvoir central a toujours » été en s'augmentant. La royauté a détruit » les grands vassaux ; les révolutions elles- » mêmes ont fait disparaitre les obstacles qui » s'opposaient à l'exercice rapide et uniforme

(1) *Commentaire de la Constitution* de 1848, p. 185.

» de l'autorité. Dans ce pays de centralisation, » l'opinion publique a sans cesse tout rap- » porté au chef du gouvernement, le bien » comme le mal. Aussi, écrire en tête d'une » charte que ce chef est irresponsable, c'est » mentir au sentiment public, c'est vouloir » établir une fiction qui s'est trois fois éva- » nouie au bruit des révolutions.

» La constitution actuelle proclame, au » contraire, que le chef que vous avez élu est » responsable devant vous ; qu'il a toujours » le droit de faire appel à votre jugement sou- » verain, afin que, dans les circonstances solen- » nelles, vous puissiez lui continuer ou lui » refuser votre confiance.

» Etant responsable, il faut que son action » soit libre et sans entraves. De là l'obliga- » tion d'avoir des ministres qui soient les auxi- » liaires dévoués et puissants de sa pensée, mais » qui ne forment plus un conseil responsable, » composé de membres solidaires, obstacle » journalier à l'impulsion particulière du chef » de l'état, expression d'une politique émanée » des chambres, et, par là même, exposée à des » changements fréquents, qui empêchent tout » esprit de suite, toute application d'un système » régulier. »

Parler ainsi, c'était rééditer, sous le masque trompeur de la démocratie, ce mot de Louis

XIV : « l'Etat c'est moi. » Et l'avenir a bien prouvé qu'avec l'organisation établie par la Constitution de 1852, la prétendue responsabilité du chef de l'Etat était une amère dérision.

Du reste, cette constitution, élaborée par Napoléon, alors qu'il était encore président de la République, avait si peu le caractère républicain, que, moins d'un an plus tard, elle devenait, sans modifications sérieuses, la constitution de l'empire français. En effet, les seules modifications, pour ainsi dire, apportées à la constitution du 14 janvier par le sénatus-consulte du 23 décembre 1852, portent sur les prérogatives accordées aux membres de la famille impériale.

On comprend que, du moment où les ministres n'étaient pas responsables, leurs subordonnés de tout grade ne pouvaient pas l'être davantage ; aussi ne devons-nous pas nous étonner que le second Empire ait soigneusement maintenu l'application de l'article 75 de la Constitution de l'an VIII.

Nous ne nous étonnons pas davantage qu'il ait rétabli, au profit du Conseil d'Etat, par le décret du 25 janvier 1852, la haute police administrative que lui avait attribuée, sous le premier Empire, le décret du 11 juin 1806.

« L'attribution de la haute police administra-
» tive au Conseil d'Etat offre au chef de l'Etat,
» dit M. Dufour, une ressource pour donner
» à l'opinion les satisfactions qu'elle peut de-
» mander et lui permet d'étouffer, au besoin,
» des affaires qui ne pourraient être instruites
» et débattues sans compromettre l'autorité;
» à ce double titre, elle constitue un moyen de
» gouvernement et un moyen de gouvernement
» propre au pouvoir absolu (1). » Nous n'admettons pas, pour notre part, que l'instruction publique puisse compromettre l'autorité, mais nous pensons, avec M. Dufour, que c'est là « un
» moyen de gouvernement éminemment pro-
» pre au pouvoir absolu. » C'est précisément pour cela que nous le détestons.

Ce n'est donc qu'après le 4 septembre que la garantie constitutionnelle a été définitivement supprimée.

Le décret du 19 septembre 1870, qui contient cette abrogation, est ainsi conçu :

ART. 1er. « L'article 75 de la Constitution de
» l'an VIII est abrogé ; sont également abrogées
» toutes autres dispositions des lois générales
» ou spéciales ayant pour objet d'entraver les
» poursuites dirigées contre des fonctionnaires
» publics de tout ordre. »

(1) *Droit administrati appliqué*, t. 2, p. 259

Art. 2° — « Il sera ultérieurement statué » sur les peines civiles qu'il peut y avoir lieu » d'édicter, dans l'intérêt public, contre les » particuliers qui auraient dirigé des poursuites » téméraires contre des fonctionnaires. »

II.

Législations étrangères — L'Autriche — La Belgique — Le Brésil, — La Grande-Bretagne — La Grèce — Le Portugal — Les Principautés-Unies — La Prusse — La Suède — La Royauté plus libérale à l'étranger que la République en France.

Pendant que la France maintenait, même sous le régime républicain, la garantie constitutionnelle pour le plus grand profit des fonctionnaires publics, que se passait-il à l'étranger ?

Toutes les constitutions proclamaient le principe de la responsabilité des ministres.

En *Autriche*, les ministres sont responsables de la légalité et de la constitutionnalité des actes du gouvernement qui sont du ressort de leurs fonctions.

Tous les employés de l'Etat sont responsables, dans l'exercice de leurs fonctions, de l'observation des lois fondamentales de l'Etat, et des lois de l'empire et de la province dans la gestion des affaires qu'ils règlementent.

Une loi spéciale règle la manière dont il doit être procédé contre les fonctionnaires responsables de violations du droit, commises au moyen d'ordonnances contraires aux lois (1).

En *Belgique*, la Chambre des Représentants a le droit d'accuser les ministres et de les traduire devant la Cour de Cassation qui, seule, a le droit de les juger, chambres réunies, sauf ce qui est statué par la loi quant à l'exercice de l'action civile par la partie lésée et aux crimes et délits qne les ministres auraient commis hors l'exercice de leurs fonctions.

Une loi détermine également les cas de responsabilité, les peines à infliger aux ministres et le mode de procéder contre eux, soit sur l'accusation admise par la Chambre des Représentants, soit sur la poursuite des parties lésées.

Enfin le roi ne peut faire grâce au ministre condamné par la Cour de Cassation que sur la demande de l'une des deux chambres (2).

Au *Brésil*, la Chambre des Députés est exclusivement chargée de décréter la mise en accu-

(1) *Loi fondamentale de l'Etat* du 21 décembre 1867 *sur l'exercice du pouvoir gouvernemental et exécutif.* (art. 9 et 12).

(2) *Constitution* du 7 février 1831, (art. 90 et 91.

sation des ministres d'Etat et des conseillers d'Etat; le jugement est dans les attributions exclusives du Sénat.

Les ministres d'Etat sont responsables pour : 1° trahison ; 2° corruption, subornation ou concussion ; 3° abus de pouvoir ; 4° défaut d'observation de la loi ; 5° ce qu'ils feraient contre la liberté, la sécurité ou la propriété des citoyens ; 6° la dissipation des deniers publics. Une loi spéciale détermine la nature de ces délits et la manière de procéder contre eux.

En aucun cas, les ministres ne sont affranchis de la responsabilité par un ordre verbal ou écrit de l'Empereur.

Les ministres et les conseillers d'Etat ne sont pas seuls responsables ; la Constitution déclare les fonctionnaires publics responsables des abus et négligences qu'ils commettraient dans l'exercice de leurs fonctions et dont leurs subalternes ne seraient pas effectivement responsables (1).

Dans la *Grande-Bretagne*, le respect dû aux droits des citoyens est garanti par la responsabilité civile et pénale de ceux qui violent ces droits,

Tout dépositaire de l'autorité, tout agent civil

(1) *Constitution* du 25 août 1824, (art. 38, 133 à 135, 179, § 29.)

ou militaire, qui a lésé un citoyen, exécuté ou ordonné un acte portant illégalement atteinte au droit garanti par la loi, est personnellement responsable, sans qu'il puisse exciper des instructions à lui données par ses supérieurs hiérarchiques (1).

En *Grèce*, la Chambre des Députés a le droit d'accuser les ministres et de les traduire devant une Cour spéciale dont la loi règle la composition.

En aucun cas, l'ordre verbal ou écrit du roi ne peut dégager les ministres de leur responsabilité.

Tous les fonctionnaires publics et communaux sont responsables de leur administration (2).

En *Portugal*, la Chambre des Députés a le pouvoir de décréter la mise en accusation des ministres et des conseillers d'Etat; mais la Chambre des Pairs a seule compétence pour les juger.

Les fonctionnaires publics sont rigoureusement responsables des abus et négligences qu'ils commettraient dans l'exercice de leurs

(1) Laferrière, *des Constitutions d'Europe et d'Amérique* (p. 423.

(2) *Constitution* des 16-28 novembre 1864 (art. 79 et 80).

fonctions et dont leurs subalternes ne seraient pas effectivement responsables (1).

Dans les *Principautés-Unies*, chacune des deux assemblées et le Prince ont le droit de mettre les ministres en accusation et de les traduire pardevant la Cour de Cassation, qui, seule, a le droit de les juger, chambres réunies. En aucun cas, l'ordre verbal ou écrit du Prince ne peut soustraire un ministre à la responsabilité (2).

En *Prusse*, une loi spéciale règle les conditions dans lesquelles des fonctionnaires civils et militaires peuvent être cités judiciairement pour abus de pouvoir (3).

Enfin, en *Suède*, chaque diète ordinaire (*Lagtima Riksdag*) désigne un homme connu pour être versé dans la jurisprudence et pour sa parfaite honorabilité, lequel, en qualité de Procureur général de la Diète (*Justitie Ombudsman*) et, d'après les instructions données par elle, est chargé de surveiller l'application des lois

(1) *Constitution* du 29 avril 1826 et *Acte additionnel* du 5 juillet 1852 (art. 37 et 145, § 27).

(2) *Constitution* du 30 juin 1866 (art. 100 et 101).

(3) *Constitution* du 31 janvier 1850 et *Actes additionnels* (art. 97).

par les juges et fonctionnaires, et de poursuivre, suivant les formes légales, devant les tribunaux compétents, ceux qui, dans l'exercice de leurs fonctions, auront, par faveur, partialité ou autre motif, commis des illégalités ou négligé de remplir convenablement leurs pouvoirs (1).

Quant à la garantie constitutionnelle, telle qu'elle se trouvait établie en France par l'art. 75 de la Constitution de l'an VIII, elle est loin d'exister partout à l'étranger.

Elle existe, il est vrai, en *Autriche*, car si, comme nous l'avons dit, tous les employés de l'Etat sont responsables dans l'exercice de leurs fonctions, de l'observation des lois fondamentales de l'Etat et des lois de l'Empire et de la province dans la gestion des affaires qu'ils règlementent, d'un autre côté, il appartient aux agents du pouvoir exécutif, sous la surveillance et la discipline desquels ces employés sont placés, de faire valoir cette responsabilité (2).

Elle existe également en *Portugal* et au

(1) *Loi sur la forme du gouvernement* du 6 juin 1809, avec les changements apportés jusqu'à la date de 1865-1866 inclusivement, § 90.

(2) *Loi fondamentale de l'Etat* du 21 décembre 1867, *sur l'exercice du pouvoir gouvernemental et exécutif.* (art. 12).

Brésil, où les citoyens, lésés par les actes des fonctionnaires publics, doivent dénoncer ces faits aux pouvoirs législatif et exécutif (1).

Mais dans la *Grande-Bretagne*, tout fonctionnaire public peut être poursuivi devant le jury, sans qu'il y ait besoin d'aucune autorisation préalable (2).

D'un autre côté, en *Grèce*, dans les *Principautés-Unies* et en *Prusse*, il n'est besoin d'aucune autorisation pour exercer des poursuites contre les fonctionnaires publics.

Ainsi en *Grèce*, l'art. 19 de la Constitution des 16-28 novembre 1864 déclare : « que nulle » autorisation préalable de l'autorité administrative n'est nécessaire pour exercer des poursuites contre les fonctionnaires publics et » communaux, pour faits punissables de leur » administration. »

Dans les *Principautés-Unies*, la Constitution du 30 juin 1866 porte (art. 29) : « Il » n'est besoin d'aucune autorisation préalable » pour l'exercice de poursuites par les parties

(1) *Brésil. Constitution* du 25 août 1824, art. 179, § 30 — *Portugal. Constitution* du 29 avril 1826, et *Acte additionnel* du 5 février 1852, art. 145, § 28.

(2) Laferrière, des *Constitutions d'Europe et d'Amérique* (p. 423).

» lésées, contre les fonctionnaires publics, pour » les actes de leur administration. »

Enfin, en *Prusse*, la Constitution du 31 janvier 1850 renvoie à une loi spéciale la fixation des conditions dans lesquelles les fonctionnaires publics peuvent être cités judiciairement pour abus de pouvoir ; mais elle pose (art. 97) le principe que : « cependant une au» torisation préalable de l'autorité supérieure » ne peut être demandée. »

Comme on le voit, le progrès accompli, en France, par le décret du Gouvernement de la Défense nationale en date du 19 septembre 1870, l'avait été : dans les Principautés-Unies en 1866, en Grèce depuis 1864, en Prusse depuis 1850, et, dans la Grande-Bretagne, depuis un temps immémorial.

III.

La garantie constitutionnelle et le Conseil d'État. — L'injure à un garde-champêtre, crime de lèse-majesté. — Le fonctionnaire public innocenté malgré lui. — L'administration juge et partie. — L'infaillibilité des fonctionnaires. — La fin justifie les moyens. — La culpabilité légitimée.

Quand on voit la manière dont était interprété l'art. 75 de la Constitution de l'an VIII, on se demande comment cette disposition a pu être maintenue aussi longtemps.

« Sous tous les régimes qui ont passé en » France depuis 1815 à 1872, dit M. Bacqua » de la Barthe en rapportant le décret de 1870, » on a réclamé contre le pouvoir exorbitant con- » féré au gouvernement par l'art. 75 de la Cons- » titution de l'an VIII et contre les regrettables » denis de justice auxquels il a donné nais- » sance (1). »

Cela ne nous étonne pas et nous n'aurions pas compris qu'il en fût autrement, car le Conseil d'Etat et même la Cour de Cassation avaient fait de la garantie constitutionnelle une barrière infranchissable, derrière laquelle les fonctionnaires publics pouvaient toujours se retrancher utilement Bien osé et bien imprudent était celui qui prétendait obtenir justice contre un représentant de l'autorité ; il était d'avance parfaitement sûr d'échouer, car il suffisait à l'agent du pouvoir d'invoquer le fameux article 75 pour se débarrasser de l'importun qui avait la folle prétention de faire valoir ses droits.

Le fonctionnaire n'avait même pas besoin de prendre ce soin ; en effet, la jurisprudence admettait que c'était là une exception d'ordre public ; d'où la conséquence qu'elle pouvait

(1) *Bulletin des lois, décrets*, etc, année 1870, p. 293 (notes 2 et 3).

être opposée en tout état de cause, ou même admise d'office par les tribunaux (1). Avec un tel système, les fonctionnaires pouvaient impunément violer la loi, faire arrêter et emprisonner les citoyens, faire saisir et détruire leurs propriétés, sans crainte d'être inquiétés pour d'aussi légères peccadilles.

Et cette impunité injustifiable appelée, par une amère dérision, la garantie constitutionnelle, était d'autant plus précieuse pour le gouvernement monarchique, qu'elle s'appliquait à un très-grand nombre d'individus.

On s'est demandé ce que l'on devait entendre par les mots : *agents du gouvernement*, employés par la Constitution de l'an VIII. D'après plusieurs arrêts de la Cour de Cassation, on devait regarder comme tels : ceux qui, dépositaires d'une partie de l'autorité du gouvernement, agissaient directement en son nom et faisaient partie de la puissance publique (2). C'était là, il faut le dire, une définition assez vague et qui devait amener dans la pratique d'incessantes controverses.

C'est ce qui eut lieu pour le plus grand profit du fonctionnarisme ; car, si la jurisprudence refusait à certaines personnes la pré-

(1) *Arrêt* de la Cour de Cassation du 12 mars 1829 (Charpin).

(2) *Arrêts* des 23 juin 1831 (Royer) ; 3 mai 1828 (Clémenceau).

cieuse qualité d'agents du gouvernement, par contre, elle l'attribuait généreusement à nombre d'individus, qui devaient se trouver bien étonnés de cet excès d'honneur.

Les fonctionnaires qui avaient la douleur de ne pas profiter du bienheureux article 75 de la Constitution de l'an VIII, étaient :

Les agents-voyers (1),

Les gendarmes (2) ;

Les secrétaires de mairie (3) ;

Les membres d'un collége électoral (4) ;

Les avoués (5) ;

Les arbitres volontaires (6) ;

Les employés des bureaux (7).

D'autres avaient, du moins, l'avantage de profiter, dans certaines circonstances, de la garantie constitutionnelle ; c'étaient :

(1) *Cour de Nancy*, 9 juillet 1815 (Toquaine) ; *Cour de Cassation*, 6 septembre 1815 (idem) ; 4 février 1817 (Muller-Godard) ; 23 décembre 1848 (Lapeyrouse).

(2) *Conseil d'Etat*, 7 février 1848 (Duchemin).

(3) *Cour d'Agen*, 10 mai 1850 (Roux) ; *Conseil d'Etat*, 12 août 1845 (Magdinier).

(4) *Cour de Cassation*, 25 mars 1838 (Mangin).

(5) *Cour de Cassation*, 9 septembre 1830 (Fournier-Verneuil).

(6) *Cour de Cassation*, 29 avril 1837.

(7) Carnot. *Instruct. crim.* t. 1, p. 391, n° 38 — Legraverend, idem, p. 489, note 1re, § 2 — Merlin, *Répert* v° *Garantie des fonctionnaires publics.*— Dufour, *Droit administratif*, n° 2246 — Cormenin, t. 2, p. 344 — Lessellyer, n° 835 — Mangin, n° 250.

Les juges suppléants lorsqu'ils remplissaient leurs fonctions (1) ;

Les officiers de l'armée, lorsqu'ils étaient autorisés à délivrer des certificats et attestations des services nécessaires pour obtenir les récompenses accordées par les lois et ordonnances (2).

A l'égard de quelques personnes, la jurisprudence ne savait pas exactement si elles étaient ou non des agents du gouvernement. Ainsi il y avait doute, en ce qui concernait :

Les membres du culte (3) ;

Et les officiers de l'état-civil (4).

Quant aux fonctionnaires que la jurisprudence autorisait à s'abriter derrière l'art. 75 de la Constitution de l'an VIII, ils étaient excessivement nombreux ; sans compter les ministres, les préfets, les sous-préfets, les magistrats de tous les degrés, les membres de la Cour des Comptes, du Conseil d'Etat, des conseils de préfecture, du corps diplomatique, etc. nous citerons :

(1) *Cour de Cassation*, 14 avril 1831.

(2) *Cour de Cassation*, 22 octobre 1825 (Illassy).

(3) *Décrets* des 10 décembre 1792 et 25 frimaire an III — Servigny, t 2, p. 186 et suiv. — *Cour de Cassation*, 14 février 1793 — *Cour de Metz*, 2 février 1844.

(4) *Avis du Conseil d'Etat* des 4 pluviôse an XII et 28 juin 1806. *Cour de Cassation*, 15 décembre 1827.

Les juges de paix (1) ;

Les maires et leurs adjoints (2) ;

Les membres des conseils municipaux nommés régulièrement pour faire des rapports (3) ;

Les commissaires de police (4) ;

Les percepteurs des contributions (5) ;

Les receveurs municipaux (6) ;

Les régisseurs intéressés des octrois ; (7)

Les gardes-champêtres (8) ;

Les gardes particuliers (9) ;

Les officiers des compagnies de sapeurs-pompiers (10) ;

Les huissiers (11) ;

(1) *Cour de Cassation*, 17 thermidor an X (Graux) — 16 août 1810 (Lemarrois).

(2) *Cour de Cassation*, 16 mars 1822 (Grasset) — 1er avril 1823 (Franbois-Carle).

(3) *Loi* du 25 mars 1822, art. 6 — *Cour de Cassation*, 10 août 1837.

(4) *Cour de Cassation*, 30 juillet 1812 (Marie Bauchaort). — 4 juillet 1833 (Lamorlhome) — 13 juin 1828 (Buhot-Launay).

(5) *Cour de Cassation*, 22 vendemiaire an VIII (Trumeau) — 5 brumaire an IX (id.) — 21 janvier 1813 (Louis Branzon).

(6) *Cour de Cassation*, 23 mars 1827 (Alfred Tuffeau).

(7) *Cour de Cassation*, 21 janvier 1813 (Louis Branzon).

(8) *Cour de Bruxelles*, 17 novembre 1818 (Vauroobrouch).

(9) *Cour de Cassation*, 17 juin 1818 (Menuy) — 20 septembre 1823. (Frilot) — 2 juillet 1841 (Roussereaux).

(10) *Cour de Grenoble*, 6 mai 1834 (Piot).

(11) *Cour de Cassation*, 16 juillet 1812 (Bernaudat) — 11 avril 1835 (Choy).

Les notaires (1) ;

Les arbitres forcés, etc. (2)

D'un autre côté, la garantie constitutionnelle avait pour résultat de rendre le Conseil d'Etat absolument juge du procès entamé contre le fonctionnaire. Il était, en effet, complètement maître d'accorder ou de refuser l'autorisation, et nous devons dire que les principes posés par lui, en cette matière spéciale, ne devaient pas rassurer beaucoup les parties lésées sur la possibilité de faire respecter leurs droits.

Ainsi il résultait de la jurisprudence constante du Conseil d'Etat que les poursuites devaient être refusées chaque fois que le fonctionnaire avait agi sur l'ordre ou même seulement avec l'approbation de son supérieur ; de telle sorte qu'il suffisait que le supérieur consentît à couvrir son inférieur, pour que ce dernier fût exempt de toute inquiétude. Or, quand on connaît quelque peu l'administration, on sait bien que, dans la plupart des cas, les fonctionnaires se rendent, par esprit de corps, solidaires les uns des autres. L'administration, comme l'Église, est infaillible; il est parfaitement

(1) *Loi* du 25 ventôse, art. 1er.

(2) *Cour de Cassation*. 15 juillet 1836 — 29 avril 1837 — 15 mai 1838.

entendu qu'elle ne peut se tromper; par conséquent, à moins de délits communs et entachant l'honneur, commis par un de ses membres, elle se garderait bien de laisser entamer des poursuites contre le fonctionnaire qui aurait commis le péché — essentiellement véniel — de n'avoir pas respecté les droits des particuliers. Grâce au principe posé par le Conseil d'Etat, les agents du gouvernement étaient sûrs de l'impunité ; la partie qui avait l'outrecuidance de se plaindre d'un garde-champêtre, voyait, par exemple, le maire prendre le parti de ce dernier et le couvrir de sa haute protection; s'il osait attaquer le maire, l'autorité supérieure intervenait, de telle sorte que la lutte était, en tout cas, impossible.

Ce n'est pas tout : le Conseil d'Etat refusait l'autorisation, lorsque les faits ne lui paraissaient pas suffisamment caractérisés, ou lorsque les charges ne lui paraissaient pas suffisantes (1), ce qui revenait à dire qu'il ne les autorisait que s'il le jugeait convenable.

Il la refusait également quand il n'avait pas confiance dans les dénonciations ou dépo-

(1) *Arrêts* des 13 février 1816 (Garrigue) — 21 août 1816 (Thoureau) — 23 octobre 1816 (Mallavaut) — 14 mars 1817 (Damier — 16 janvier 1822 (Legendre) — 14 août 1822 (Laussat), etc., etc.

sitions qui appuyaient la demande (1), d'où la conséquence que les gens bien pensants, — et l'on sait ce que cela veut dire pour un gouvernement monarchique,—étaient seuls écoutés. Tous les particuliers, qui avaient le mauvais goût de faire de l'oppositiou et qui ne se montraient pas les esclaves serviles du pouvoir, auraient inutilement invoqué sa protection pour obtenir justice ; on aurait repoussé avec enthousiasme :

Ce pelé, ce galeux, d'où venait tout le mal.

Ce n'est pas tout encore. Comme, suivant un dicton bien connu, la fin justifie les moyens, on décidait qu'il n'y avait pas lieu à autorisation, lorsque les faits sur lesquels était fondée l'action correctionnelle avaient été commis pour arriver à la découverte de la fraude ou à l'arrestation des contrevenants (2) ; ainsi se trouvaient justifiés les coups de bâton ou de casse-têtes qu'un agent trop zélé aurait pu distribuer à la foule, sous le prétexte fallacieux d'assurer l'ordre dans la rue..

Nous n'avons pas besoin de dire que toute autorisation était refusée lorsque le Conseil

(1) *Arrêts* des 20 novembre 1815 (Fontaines), — 20 novembre 1816 (Vendonnois), etc. etc.

(2) *Cour de Cassation*, 19 mars 1830 (Lissandre c. Rax).

d'Etat regardait l'inculpé comme s'étant trouvé en état de légitime défense et que le même Conseil se rendait juge de la question (1).

Mais il allait plus loin, et nous ne pouvons, sans étonnement, citer certaines décisions rendues par lui sur ces matières.

D'après un arrêt du 20 novembre 1816, il n'y avait pas lieu à poursuite lorsqu'un garde forestier était accusé d'avoir reçu des délinquants une certaine somme, à l'effet de supprimer un procès-verbal de saisie, ***si tel était l'usage du pays*** et si le garde avait agi de bonne foi.

Il en était de même :

Lorsqu'il y avait erreur, inadvertance, négligence, toutes les fois que la bonne foi était certaine (2), et cela, alors même qu'il s'agissait soit d'un faux matériel dans un acte ou dans un procès-verbal (3), soit de coups et blessures (4).

(1) *Arrêts* des 18 avril 1816 (Lemoine) — 23 octobre 1816 (Barbaroux) — 11 décembre 1816 (Baliuer) — 10 décembre 1817 (Garlin), etc., etc.

(2) *Conseil d'Etat*, 23 octobre 1816 (Jacques) — 26 février 1817 (Bazoral) — 16 juillet 1817 (Chaudron) — 14 juin 1818 (Languillette), etc., etc.

(3) *Conseil d'Etat*, 26 février 1817 (Dutrouy).

(4) *Conseil d'Etat*, 28 septembre 1818 (Mourat).

Lorsqu'il y avait des torts réciproques (1);

Ou enfin, lorsque la détention arbitraire exercée par un agent administratif avait été prise en considération et avait valu à la victime une atténuation des peines qu'elle avait encourues (2).

Il faut convenir qu'on ne pouvait se montrer plus gracieux vis-à-vis des fonctionnaires; les prévenus qui n'ont pas l'insigne honneur d'appartenir à l'administration se regarderaient comme trop heureux s'ils rencontraient auprès des tribunaux ou des juges d'instruction un peu de cette bienveillance dont le pouvoir était si prodigue vis-à-vis de ses agents. Nous ne savons pas si un tel système serait bien favorable à l'ordre public, mais il aurait du moins l'avantage d'être assez équitable, car on s'explique difficilement pourquoi ceux auxquels est confiée la mission de faire respecter la loi et qui la violent seraient plus excusables que tous autres et pourquoi ils pourraient impunément commettre des erreurs ou même des délits, sans que la justice eût le droit de s'en mêler et de prononcer une condamnation méritée.

(1) *Conseil d'Etat*, 23 décembre 1815 (Capeaux) — 20 novembre 1816 (Escarguel) — 25 février 1818 (Pousargues) etc. etc.

(2) *Conseil d'Etat*, 23 décembre 1815 (Bahot).

IV.

Le fonctionnaire. — Ce qu'il est et ce qu'il devrait être — La morgue des employés — Le fonctionnaire est au-dessus de la loi — Les ministres, humbles serviteurs de leurs bureaux — Le fonctionnarisme, véritable plaie sociale — Le gouvernement est un mal nécessaire — Les fonctionnaires de la République des Etats-Unis.

Le résultat d'un tel système devait nécessairement être déplorable; il l'a été en effet.

On est justement effrayé quand on songe à ce que doit être le fonctionnaire public et quand on voit ce qu'il est aujourd'hui. M. Dalloz énonce dans son *Répertoire général* toutes les qualités que doit posséder le fonctionnaire public : l'assiduité, l'exactitude, la régularité, la probité, l'intégrité, la discrétion, etc. ; il insiste avec raison sur la modération que le fonctionnaire doit apporter dans l'accomplisement de sa mission : « Si le fonctionnaire, dit-il, doit être ferme dans l'accomplissement de ses devoirs, s'il ne doit se laisser ni intimider par la menace, ni fléchir par la pitié, il doit toujours apporter, dans ses rapports avec les particuliers, la modération, la douceur, la tolérance même, compatibles avec ces devoirs mêmes (1). » Nous ajouterons qu'il doit surtout et avant tout respecter l'intérêt privé, chaque fois que la loi n'en ordonne pas le sacrifice dans l'intérêt public.

(1) V° *Fonctionnaire public*, n° 95.

Mais, hélas ! combien de ces qualités nécessaires sont absentes chez la plupart de nos fonctionnaires ! Sans doute il y a dans l'administration d'honorables personnalités ; comme chef de cabinet du ministre de l'intérieur, comme sous-préfet, comme conseiller de préfecture de la Seine, nous avons vu de près l'administration et nous avons trouvé sur notre route d'excellents employés et d'excellents fonctionnaires ; mais il faut avouer qu'ils sont peu nombreux, tandis que les mauvais fonctionnaires sont, au contraire, innombrables.

Cela vient surtout de l'esprit qui a présidé à l'organisation de l'administration française.

Le principe de l'ancien régime était que le fonctionnaire public devait être sacré et inviolable dans ses fonctions, « parce qu'il repré» sentait la personne du prince et que, par » conséquent, c'était une espèce de crime de » lèse-majesté d'attenter à sa personne (1). »

La révolution de 1789 ne pouvait adopter ce principe anti-démocratique ; mais, avec l'avènement du premier Empire, refleurit l'ancienne doctrine de la monarchie et, lorsque la république fut proclamée, soit en 1848, soit en 1870, le mal était tellement invétéré, que le changement dans la forme du gouvernement ne suffit

(1) Jousse, *Traité des matières criminelles*, t. 3, p. 601 et 602.

plus pour amener un changement dans l'institution administrative.

Les employés et les fonctionnaires, infatués de leur position, se regardent comme une émanation de la puissance gouvernemantale, et traitent avec un profond mépris ces *petites* gens qui n'ont pas l'honneur d'appartenir à l'administration. « On voit trop d'employés, dit » M. Vivien, qui traitent du personnage, parce » qu'ils ont l'honneur d'appartenir à l'Etat et » qui manquent d'empressement et même » d'exactitude avec le public, parce qu'ils n'en » dépendent point. Les instructions de leurs » chefs, les habitudes d'une bonne éducation » devraient au moins leur donner les manières » courtoises et complaisantes que l'aiguillon de » la concurrence inspire aux agents des industries libres. Les citoyens ont droit d'exiger » qu'on les traite avec déférence (1). »

Loin de comprendre qu'ils se doivent au public, qu'ils ont pour unique mission de faire ses affaires, pour principal devoir de ménager la fortune publique, sans jamais léser inutilement l'intérêt privé, et de ne jamais sacrifier les droits des simples citoyens s'il n'y a pas nécessité absolue dans l'intérêt public, ils se montrent présomptueux, impolis et arrogants

(1) *Etudes administratives*, p. 142.

vis-à-vis du public ; ils travaillent le moins qu'ils peuvent et sont fiers d'enlever à l'administration ou à l'Etat le plus de temps possible ; ils n'ont qu'un but, se faire bien venir de leurs chefs, afin d'obtenir plus facilement un avancement immérité, et, pour y arriver, tous les moyens leur semblent bons ; aussi les voyons-nous flatter leurs supérieurs, que, dans leur for intérieur, ils tiennent le plus souvent en profond mépris, faire litière de leurs sentiments intimes et de leurs convictions politiques, si cela est utile à leur avenir, et faire du zèle dans l'intérêt du gouvernement qui les paye au préjudice des citoyens qui ont le malheur d'être soumis à leurs mesures arbitraires.

Nos fonctionnaires se croient sérieusement au-dessus de la loi ; chargés de la faire exécuter, ils s'en servent lorsqu'elle leur est favorable, et la repoussent avec dédain lorsqu'elle nuit à leurs projets ; c'est ce que l'on appelle trop souvent : savoir administrer.

Grâce à ce système, les bureaux sont encombrés d'un nombre immense de parasites ; la présomption et la paresse des employés engendrent la routine et empêchent un chef intelligent d'accomplir de grands progrès. Demandez à tous les hommes que la politique a placés à la tête des ministères ou des grandes administrations, ils vous diront, s'ils sont de bonne foi, qu'ils ont inutilement cherché à être maîtres chez eux et qu'ils n'ont jamais pu vaincre la résistance passive de leurs bureaux. Il faut bien le dire, toute velleité d'indépendance d'un ministre vis-à-vis de ses employés est, dans l'organisation actuelle, une pure chimère. Tant que la cognée n'aura pas été portée courageusèment dans cet arbre vermoulu, tant que le traitement aujourd'hui insuffisant des employés n'aura pas été augmenté, tant que leur nombre n'aura pas été diminué, tant qu'ils ne seront pas bien persuadés qu'ils se doivent au public, que leur mission est de le servir et non de poser vis-à-vis de lui ou même de le baffouer, l'administration sera routinière, peu utile à l'Etat et nuisible aux particuliers.

Quant aux fonctionnaires publics proprement dits, à ceux que la Constitution de l'an VIII appelait les agents du gouvernement, parce qu'ils exercent une partie de la puissance publique, ils ne valent guère mieux que les employés des bureaux. Chez eux, il est vrai, nous trouvons plus d'intelligence et d'initiative, mais nous trouvons aussi plus de servilité, plus de mépris pour la loi et pour les intérêts privés.

Grâce à la scandaleuse impunité que leur assurait la garantie constitutionnelle, les agents du gouvernement ont pris l'habitude de ne rien respecter, si ce n'est leur intérêt personnel ; ils n'ont qu'un objectif, plaire à leur maître, c'est-à-dire au pouvoir central, en ne tenant compte ni de la loi, ni des droits privés, ni même de l'intérêt général. Combien n'avons-nous pas vu, dans ces temps troublés, de fonctionnaires mentir à leur passé, à leur conscience et à leurs promesses, pour flatter le pouvoir nouveau, dans la crainte d'être abandonnés par lui. Le premier empire, deux monarchies successives, et surtout le second empire, ont fait des fonctionnaires, il faut bien le reconnaître, une des plaies de la France.

On prétend que le peuple français n'a pas le respect de la loi et que là est la cause des révolutions fréquentes survenues depuis moins d'un siècle ; or ceux qui lui font ce reproche sont précisément ceux-là mêmes qui, par leurs déplorables exemples, nuisent le plus en France à la stricte observation de la loi. Comment veut-on que le simple citoyen se croie obligé de s'y conformer, quand il voit le fonctionnaire, chargé de l'exécuter, la violer sciemment, ouvertement, audacieusement et impunément ? Sans doute il faut, pour la garantie de l'ordre social, que la loi soit respectée, mais il faut qu'elle le soit par tous, par les administrateurs comme par les administrés ; nous pourrions même dire qu'elle doit l'être surtout par les administrateurs qui la connaissent parfaitement, qui ont à leur disposition les moyens d'en faire une étude approfondie, qui enfin sont chargés d'en assurer l'exécution.

Ce qu'il faut, pour arrêter les progrès du fonctionnarisme — triste cadeau de l'empire et de la monarchie, — c'est appliquer franchement et sans arrière-pensée à l'administration les principes démocratiques qui doivent présider à l'organisation d'une administration républicaine.

Nous ne saurions mieux faire que de reproduire ici ce que dit M. de Tocqueville sur le caractère de l'organisation administrative aux Etats-Unis ; notre vœu le plus ardent est que la République française se décide enfin à suivre le noble exemple que lui donne sa sœur d'Amérique.

« Les fonctionnaires, aux Etats-Unis, dit M.
» de Tocqueville, restent confondus aux milieu
» de la foule des citoyens ; ils n'ont ni palais,
» ni gardes, ni costumes d'apparat. Cette sim-
» plicité des gouvernants ne tient pas seulement
» à un tour particulier de l'esprit américain,
» mais aux principes fondamentaux de la
» société.

» Aux yeux de la démocratie, le gouverne-
» ment n'est pas un bien, mais un mal néces-
» saire. Il faut accorder aux fonctionnaires un
» certain pouvoir ; car, sans ce pouvoir, à
» quoi serviraient-ils ? Mais les apparences
» extérieures du pouvoir ne sont point indis-
» pensables à la marche des affaires ; elles
» blessent inutilement la vue du public.

» Les fonctionnaires eux-mêmes sentent
» parfaitement qu'ils n'ont obtenu le droit de
» se placer au-dessus des autres par leur puis-
» sance, que sous la condition de descendre
» au niveau de tous par leurs manières.

» Je ne saurais rien imaginer de plus uni
» dans ses façons d'agir, de plus accessible à
» tous, de plus attentif aux demandes et de plus
» civil dans ses réponses qu'un homme public
» aux Etats-Unis.

» J'aime cette allure naturelle du gouver-
» nement de la démocratie ; sous cette force
» intérieure qui s'attache à la fonction plus
» qu'au fonctionnaire, à l'homme plus qu'aux
» signes extérieurs de la puissance, j'aperçois
» quelque chose de viril que j'admire (1). »

(1) *De la Démocratie en Amérique*, t. 2, p. 57.

V.

Opinion des juriconsultes sur la garantie constitutionnelle. — Le prétendu esprit dominateur du pouvoir judiciaire. — Son libéralisme douteux. — Les tracasseries des victimes. — La garantie des abus. — L'intérêt public et les intérêts privés. — La nécessité du contrôle des actes de l'administration. — La publicité des audiences. — La publicité des débats politiques. — La dignité du fonctionnaire rehaussée par le contrôle. — Exemple de l'Angleterre. — La protection légale des fonctionnaires. — Délits commis contre eux. — La diffamation contre les fonctionnaires. — Admissibilité de la preuve des faits diffamatoires. — Etrange conséquence de la loi. — Le simple particulier diffamateur par nécessité.

L'abus du fonctionnarisme ne pouvait pas être évité en France, tant que le principe de la garantie constitutionnelle y était admis. Aussi avons-nous quelque peine à comprendre que l'art. 75 de la Constitution de l'an VIII ait trouvé, parmi les hommes éclairés, de nombreux partisans.

Et cependant, il faut bien le reconnaître, tous ceux qui ont écrit sur le droit administratif soutenaient le bien fondé de cette malencontreuse disposition. « Si les lois civiles, dit » M. de Cormenin, ont cru devoir accorder une » protection aux membres des tribunaux, les » administrateurs peuvent encore moins rester » sans garantie, eux qui sont perpétuellement » amovibles et qui, chargés de l'exécution des » lois, se trouvent sans cesse en contact avec

» les intérêts particuliers dont ils doivent sou-
» vent briser les résistances injustes et con-
» traires à l'intérêt général (1). »

M. Batbie déclare également que : « l'article
» 75 a eu pour objet de protéger les agents
» administratifs et l'administration elle-même
» contre les tribunaux inamovibles (2). »

Mais le champion le plus ardent de la garantie constitutionnelle est M. Mangin, qui s'exprime ainsi dans son *Traité de l'action publique* : « Tout le monde comprendra que l'auto-
» rité administrative pourrait être opprimée
» par l'autorité judiciaire ; que les attributions
» de la première seraient exposées à être enva-
» hies par la seconde ; que des pouvoirs, que
» la constitution a voulu séparer, seraient bien-
» tôt confondus, si les administrateurs pou-
» vaient, malgré le gouvernement, être traduits
» en justice (3). »

Comme on le voit, les partisans de l'art. 75 se fondaient, pour le defendre, sur ce que les fonctionnaires publics avaient besoin d'être protégés contre l'empiètement du pouvoir judiciaire vis-à-vis du pouvoir administratif, et contre la malveillance systématique des particuliers.

(1) *Droit administratif*, t. 2, p. 344.
(2) *Droit administratif*, t. 3, p. 242, n° 273.
(3) T. 2, n° 241.

Le premier motif — le seul qui ait quelque importance, tout au moins en apparence — n'est absolument que spécieux ; car, même au plus beau temps de la garantie constitutionnelle, la Cour de Cassation avait décidé : qu'il n'appartenait pas à l'autorité judiciaire de décider si une autorisation du Conseil d'Etat était nécessaire pour une poursuite à exercer contre un fonctionnaire public (1).

D'ailleurs, les faits sont là pour prouver que l'administration avait bien tort de craindre une résistance systématique, de la part de la magistrature, aux vœux du gouvernement. A part quelques circonstances où certains magistrats ont montré une courageuse indépendance vis-à-vis du pouvoir, dans la plupart des questions où se trouvait engagée l'action gouvernementale, nous avons vu, sous le dernier empire, le Conseil d'Etat montrer peut-être plus d'indépendance que la magistrature inamovible.

Quant à la crainte manifestée par M. de Cormenin de voir les fonctionnaires publics perpétuellement en butte aux tracasseries des particuliers, elle nous semble puérile. Le décret de 1870 y répond en déclarant (art. 2) qu'une loi sera rendue sur les mesures à prendre pour prévenir les abus. Pour nous — au risque d'exciter la colère des anciens partisans de la

(1) *Arrêt* du 12 mars 1820 (Charpin c. Bulmain).

garantie constitutionnelle, nous dirons que la loi annoncée par le décret de 1870 nous paraît absolument inutile. La législation actuelle suffit, de la manière la plus complète, pour garantir les fonctionnaires contre d'injustes vexations. Ceux qui auraient à se plaindre d'être actionnés sans motifs auraient la ressource de poursuivre leurs accusateurs devant la justice répressive, soit pour dénonciation calomnieuse, soit pour diffamation ; ils pourraient, s'ils le préféraient, et cela dans tous les cas, se fonder sur l'art. 1382 du Code civil, pour demander, soit devant les tribunaux correctionnels, soit devant les tribunaux civils, une indemnité qui deviendrait pour eux une véritable réparation morale.

Les deux motifs invoqués à l'appui de l'art. 75 de la Constitution de l'an VIII doivent donc être repoussés.

Quant au décret du 19 septembre 1870, il se trouve justifié par des considérations puissantes.

Comme nous l'avons déjà démontré, l'intérêt des particuliers était gravement compromis par la garantie constitutionnelle, que M. Beauverger appelle plus justement dans son ouvrage, *sur les Constitutions de la France* : « la garantie du gouvernement (1). »

(1) P. 331.

C'était bien là, en effet, une mesure profitant exclusivement au pouvoir, le garantissant contre les réclamations légitimes des parties opprimées et lui permettant d'abuser impunément de la puissance gouvernementale. Or, si le gouvernement y trouvait un avantage, l'intérêt public en souffrait gravement, car il faut bien comprendre que le respect des intérêts privés est la meilleure sauvegarde de l'intérêt général. M. Mahul le dit avec raison : « Tout gou-» vernement dirigé par des hommes est suscep-» tible d'erreur et de passion ; la meilleure » manière de soigner les intérêts publics, c'est » de blesser le moins possible les intérêts pri-» vés (1). »

L'intérêt public est, en effet, la réunion des intérêts particuliers ; plus est grand le nombre des intérêts privés qui se trouvent compromis, plus se trouve compromis l'intérêt public lui-même. Sans doute la vie en commun impose, dans certains cas, à l'individu le sacrifice de son intérêt personnel ; mais, chaque fois que ce sacrifice n'est pas indispensable, il doit être évité avec soin. C'est là ce dont les agents du gouvernement ne se rendent pas compte. Ayant en mains le pouvoir, ayant à leur disposition la force exécutive, ils ne peuvent supporter

(1) *Constitution politique française*, p. 506.

aucun obstacle à leur volonté souveraine ; l'homme est ainsi fait, que toute autorité exercée par lui sans contrôle devient abusive. Les gouvernements absolus, lorsqu'ils déclarent regarder comme de leur dignité de repousser le contrôle de leurs actes, ne sont pas, de bonne foi ; ils savent bien qu'un contrôle public ne saurait les discréditer, mais ils n'en veulent pas, parce que, sans lui, ils peuvent impunément abuser de leur puissance et régner en maîtres sur un peuple esclave.

Heureusement la civilisation a fait de tels progrès, que les hommes politiques les plus autocrates n'osent plus réclamer un pouvoir absolu et sans contrôle. Tous admettent, avec plus ou moins de sincérité, que le peuple a le droit de savoir comment se gèrent ses intérêts ; et dans tous les systèmes, quelque force que l'on donne au pouvoir exécutif, on admet le principe de la représentation, la nomination de mandataires de la nation, ayant une part considérable dans la rédaction des lois. Cela est tellement vrai, que les impérialistes, qui représentent le principe de la force absolue et brutale, se croient obligés, pour réussir, de se faire les champions du suffrage universel.

D'un autre côté, le contrôle des actes d'un certain nombre de fonctionnaires se trouve dans la publicité aujourd'hui exigée. Le législateur qui, dans un intérêt d'ordre public, a donné une grande autorité aux magistrats de l'ordre judiciaire, a tenu à les entourer d'une considération imposante ; mais il a donné aux parties la garantie de la publicité des audiences, et cette mesure, d'abord appliquée exclusivement aux magistrats de l'ordre judiciaire, a été, en 1865, étendue aux magistrats de l'ordre administratif. Il en est de même pour les corps politiques ; les débats ouverts devant les Chambres sont publics, ceux ouverts devant les Conseils généraux le sont également aujourd'hui. On a reconnu la nécessité de donner à tous le droit d'apprécier les actes des députés, des conseillers généraux, des magistrats, etc.; on a voulu soumettre leurs actes au jugement de l'opinion publique, parce que tous, magistrats, députés ou conseillers généraux, élus par le peuple ou nommés par le gouvernement, agissent toujours comme mandataires de la nation.

Or, si les députés, les conseillers généraux et les magistrats eux-mêmes sont obligés de se soumettre au contrôle de l'opinion publique, comment donc les fonctionnaires publics auraient-ils le droit d'agir dans l'ombre, d'user abusivement de leur pouvoir, sans que jamais le particulier pût se plaindre de leurs actes?... Cela serait vraiment un anachronisme, cela serait en contradiction avec le principe désormais consacré d'une manière incontestable que chacun est responsable de ses actes vis-à-vis de tous.

Il ne faut pas croire, d'ailleurs, que ce contrôle soit de nature à nuire,soit à la fonction,soit au fonctionnaire. Les précautions prises par les pouvoirs monarchiques qui se sont succédés en France, pour garantir les agents du gouvernement contre toute réclamation de la part des particuliers,ont-elles augmenté la considération et protégé la dignité du fonctionnaire? Pas le moins du monde.

Elles ont eu, on peut le dire, un résultat absolument contraire. Les fonctionnaires ne sont nulle part moins respectés qu'en France; nous nous soumettons comme contraints et forcés à leur volonté, tout en les maudissant intérieurement; les intérêts généraux se trouvent compromis par le manque absolu de confiance de la part de l'administré vis-à-vis de l'administrateur,et,de plus,le respect de l'autorité en est considérablement diminué.

C'est là un déplorable effet de la garantie constitutionnelle; car, dans les pays où elle a disparu depuis un temps immémorial, le fonctionnaire public est aimé et obéi, le respect de l'autorité est passé dans les mœurs et l'action du gouvernement est rendue plus facile.

« En Angleterre, dit M. Jules Simon, les » fonctionnaires dépendent bien moins de leurs » chefs et bien plus du public, qui peut, à chaque » instant, les actionner devant les tribunaux. » L'administration du gouvernement en est-elle » entravée ? Non-seulement l'administration » anglaise ne souffre pas de la responsabilité » individuelle de ses agents, mais elle y gagne » d'avoir des agents plus scrupuleux, et les » agents eux-mêmes, loin d'être diminués » par cette obligation de répondre de leurs » actes, en tirent plus de force et de di- » gnité (1). »

L'obligation, pour le fonctionnaire, de se soumettre au contrôle de ses administrés est d'autant plus juste, que le fonctionnaire est protégé par la loi d'une manière toute spéciale contre les délits que les particuliers peuvent commettre vis-à-vis de lui.

De tout temps la peine a été aggravée à l'égard des délits commis contre les fonctionnaires publics.

La loi romaine regardait comme adressée au

(1) *La Liberté*, t. 2, p. 233 — A Athènes, tout fonctionnaire qui cessait ses fonctions était obligé d'en rendre compte devant le peuple assemblé.

prince lui-même l'injure proférée contre un magistrat (1).

Sous l'ancien droit français, les peines applicables aux délits commis contre les fonctionnaires publics étaient arbitraires et allaient jusqu'à la mort (2).

« Le magistrat, disait Jousse, doit être sacré » et inviolable dans ses fonctions, parce qu'il » représente la personne du prince, et par con» séquent c'est une espèce de lèse-majesté » d'attenter à sa personne (3). »

La Révolution de 1789, tout en adoucissant les peines draconiennes de l'ancien régime, maintint le principe de leur aggravation au cas de délits commis contre les fonctionnaires publics (4). Berlier justifiait ainsi cette aggravation : « Dans ce cas, ce n'est plus seulement un » particulier, c'est l'ordre qui est blessé, et dans » un grand intérêt, les peines peuvent changer » de classe et de nature, parce que le délit en » change lui-même et que l'outrage dirigé con» tre l'homme de la loi, dans l'exercice de ses » fonctions ou de son ministère, quoique conçu

(1) Digeste. *De injuriis*, 7, § 2. *Quod injuria illata magistratui censetur illata ipsi principi.*

(2) *Ordonnance de Moulins*, art. 34. — *Edit* de janvier 1572, art. 1er — *Ordonnance de Blois*, art. 190. — *Ordonnance* de 1670, titre XVI, art. 4.

(3) *Traité des Matières criminelles* (t. 3, p. 601 et 602).

(4) *Lois* des 28 février, 17 avril et 19-22 juillet 1791.

» dans les mêmes paroles ou les mêmes gestes, » est beaucoup plus grave que s'il était dirigé » contre un simple citoyen. » (1)

On pourrait se demander si ce principe, encore aujourd'hui en vigueur, n'est pas une conséquence des préjugés du temps passé et ne se trouve pas en opposition avec les idées actuelles. La monarchie de droit divin devait nécessairement regarder tous les agents du pouvoir royal comme représentant la personne du prince, et, si elle protégeait le fonctionnaire d'une manière toute spéciale, c'était moins par respect pour la fonction que par respect pour le roi. Depuis 1789, la même raison n'existait plus, et cependant le principe de l'aggravation des peines a été maintenu. Cela vient, suivant nous, de ce que la France, retombant toujours sous le pouvoir absolu, (monarchie ou empire), a été presque constamment gouvernée d'une manière fort peu démocratique. Les deux empereurs (Napoléon I et Napoléon III), les rois de la branche aînée et même ceux de la branche cadette avaient intérêt, pour augmenter leur puissance autocratique, à ranger dans une catégorie à part, à couvrir d'une protection toute spéciale les agents auxquels ils confiaient l'exercice des fonctions publiques. On disait bien que cette protection avait pour but exclusif de rele-

(1) Locré, t. 30, p. 254.

ver la fonction et d'assurer d'une manière plus efficace l'exécution de la loi, mais la vérité *vraie* était que l'on voulait, avant tout, en imposer aux simples mortels, dans l'intérêt de la couronne.

Aujourd'hui que la France est pour longtemps, nous l'espérons, placée sous le régime républicain, nous devrions chercher à prendre l'esprit démocratique, qui seul peut assurer le triomphe définitif de la république. Nous devrions comprendre qu'un fonctionnaire n'est pas plus qu'un autre citoyen et qu'il n'y a pas de motifs pour le ranger arbitrairement dans une classe à part ; que le respect dû à l'autorité est beaucoup moins assuré par cette aggravation des peines que par l'intégrité, la douceur et la bienveillance du fonctionnaire.

D'ailleurs, le principe de l'aggravation légale des peines est d'autant moins utile que le juge trouve en toute matière, entre le minimum et le maximum des peines édictées par le Code pénal, ainsi que dans l'admission ou le réjet des circonstances atténuantes, le moyen de proportionner, dans tous les cas, la répression à la gravité plus ou moins grande du fait délictueux.

Mais, dans l'état actuel des choses, l'aggravation des peines existe ; or il nous semble trop juste que le fonctionnaire, déjà protégé d'une manière toute spéciale contre les délits commis vis-à-vis de lui par les particuliers, ne profite pas encore, grâce à la garantie constitutionnelle, d'une scandaleuse impunité pour les crimes, les délits et les abus de pouvoir commis par lui.

Nous ferons encore observer que la suppression de l'art. 75 de la Constitution de l'an VIII est la conséquence nécessaire de l'art. 20 ainsi conçu de la loi du 26 mai 1819 : « Nul ne sera » admis à prouver la vérité des faits diffama- » toires, si ce n'est dans le cas d'imputation » contre des dépositaires ou agents de l'autorité, » ou contre toutes personnes ayant agi dans » un caractère public, de faits relatifs à leurs » fonctions. Dans ce cas, les faits pourront être » prouvés pardevant la cour d'assises par » toutes les voies ordinaires, sauf la preuve » contraire par les mêmes voies. La preuve » des faits imputés met l'auteur de l'imputation » à l'abri de toute peine, sans préjudice des » peines prononcées contre toute injure qui ne » serait pas nécessairement dépendante des » mêmes faits (1). »

Si le législateur a permis la preuve des faits

(1) Cette disposition fut abrogée par l'art. 18 de la loi du 25 mars 1822 ; mais ce dernier article ayant été lui-même abrogé par la loi des 8-10 octobre 1830, l'art. 20 de la loi de 1819 est de nouveau devenu applicable.

diffamatoires contre les fonctionnaires publics, alors qu'il la défend, quand la diffamation a été commise vis-à-vis d'un particulier, c'est parce qu'il a reconnu la nécessité de soumettre les actes des fonctionnaires à l'appréciation du public. Comment, dès-lors, l'administration pourrait-elle refuser de laisser poursuivre le fonctionnaire pour des faits coupables dont la vérité aurait été constatée en justice ? C'était bien là cependant le résultat de la garantie constitutionnelle ; car, nous l'avons déjà dit, le Conseil d'Etat était absolument maître d'autoriser ou de refuser la poursuite ; il avait le droit de commettre un déni de justice en s'opposant à la répression des faits coupables dont la vérité avait été reconnue à la charge du fonctionnaire et avait innocenté la diffamation dont ce dernier avait été l'objet.

Un tel système produisait cet étrange résultat que le simple particulier, lésé par un fonctionnaire public, pouvait lui reprocher publiquement son abus de pouvoir et en faire la preuve, mais qu'il ne pouvait pas, si bon semblait au Conseil d'Etat, poursuivre ce même fonctionnaire pour le fait délictueux commis par lui et obtenir la réparation à laquelle il avait droit. Ainsi, le seul moyen pour le simple particulier de dévoiler, sans autorisation préalable du Conseil d'Etat, les abus commis par un fonctionnaire public, était de le diffamer publiquement ! Voilà où on en arrive avec ces principes surannés de l'ancien régime, maintenus dans notre législation, malgré le changement des idées et des mœurs.

Il faut donc féliciter le gouvernement de la défense nationale d'avoir rayé de nos codes la mesure hypocrite et dangereuse pompeusement affublée du nom de garantie constitutionnelle.

VI.

Un cliché législatif. — Dispositions contraires au décret de 1870, le décret est incomplet. — Interprétation par la Cour de Cassation. — La garantie constitutionnelle indirectement rétablie. — Le procureur général maître de la poursuite. — Nécessité d'une loi complémentaire.

L'art. 1er, § 2, du décret du 19 septembre 1870 est ainsi conçu :

« Sont également abrogées toutes autres dis-
» positions des lois générales ou spéciales ayant
» pour objet d'entraver les poursuites dirigées
» contre des fonctionnaires publics de tout
» ordre. »

C'est là, il faut le dire, une rédaction vicieuse que nous nous permettons de reprocher au gouvernement de la défense nationale ; on nous répondra, nous le savons bien, que presque toutes nos lois nouvelles renferment un article ainsi rédigé qui devient un véritable cliché : « Toutes les dispositions non contraires à la » présente loi sont maintenues ; » ou bien : « Toutes les dispositions contraires à la pré- » sente loi sont abrogées. » Or, si le gouvernement du 4 septembre, qui rendait un décret au milieu des terribles événements de la guerre, est excusable de n'avoir pas étudié les détails d'une question résolue par lui en principe, il n'en est pas de même du pouvoir législatif qui a tout le temps de délibérer et ne prend jamais de décision qu'après un examen approfondi du projet de loi dans les commissions et en séance publique. Nous devons donc pardonner à ceux qui ont rendu le décret du 19 septembre 1870 de n'avoir pas achevé leur œuvre ; mais nous comprenons difficilement que, depuis quatre ans, il n'ait pas été rendu de loi appliquant le principe posé par le décret du 19 septembre.

Le résultat de cet état de choses est déplorable. En face du silence de la loi, des interprétations diverses se sont produites et celle consacrée aujourd'hui par la jurisprudence annihile en quelque sorte la responsabilité des fonctionnaires publics.

D'après M. Duvergier : « Ces expressions :

» *qui ont pour objet d'entraver les poursuites* » *dirigées contre les fonctionnaires publics,* » sont, par leur généralité, applicables, aussi » bien aux mesures prescrites par l'article 75 » qu'à celle des articles 479 et suiv. C. instr. » crim et 505 C. Pr. Civ., — aussi bien aux » fonctionnaires de l'ordre judiciaire qu'aux » fonctionnaires de l'ordre administratif » (1).

D'après la Cour de cassation, au contraire, l'article 1er, § 2, du décret de 1870 s'applique exclusivement aux dispositions qui subordonnaient la poursuite des fonctionnaires de tout ordre à l'autorisation de leurs supérieurs hiérarchiques, au lieu et place du Conseil d'Etat (2).

A l'appui de ce système, la Cour de cassation donne deux motifs aussi critiquables l'un que l'autre.

Le premier est que, dans le décret de 1870 : « il n'est fait aucune mention des articles 479 » et suiv. du code d'instruction criminelle, 505 » et suiv. du code de procédure civile. » Mais

(1) *Collection des Lois* 1870, p. 335. — Les art. 479 et suivants du Code d'instruction criminelle déterminent les règles spéciales applicables à la poursuite des crimes et délits commis par des magistrats. — Les art. 505 et suivants du Code de procédure civile règlent la manière dont la prise à partie doit être poursuivie contre les magistrats.

(2) *Cour de Cassation, arrêts* des 15 septembre 1871, 9 et 19 février 1872, (Dalloz, *Recueil périodique*, 1873, I, 289). — Voir *arrêts* des 9 pluviôse et 10 floréal an X, 28 pluviose an XI.

c'est là, il faut le dire, une grave erreur, car la Cour de cassation reconnait que ce décret abroge toutes les dispositions exigeant l'autorisation préalable des supérieurs hiérarchiques du fonctionnaire que l'on veut poursuivre : or, il n'est fait, dans le décret de 1870, aucune mention des décrets prescrivant de demander au préalable cette autorisation ; le décret ne vise absolument dans son texte que l'art. 75 de la Constitution de l'an VIII.

Le second motif de la Cour suprême est que : « l'organisation de la juridiction exceptionnelle » instituée par certaines dispositions da la loi, » loin d'être une entrave à la poursuite des » fonctionnaires publics, établit au contraire » une garantie d'indépendance et d'impartialité » au profit de la justice et de l'inculpé lui- » même. » En vertu de ce principe, il est décidé que les préfets notamment doivent être traduits directement devant la première chambre de la Cour d'appel présidée par le premier président (1) ; qu'ils doivent être poursuivis devant

(1) Art. 10 de la loi du 20 avril 1810 : « Lorsque de grands officiers de la légion d'honneur, des généraux commandant une division ou un département, des archevêques, des évêques, des présidents de consistoire, des membres de la Cour de Cassation, de la Cour des comptes et des Cours impériales et des préfets seront prévenus de délits de police correctionnelle, les Cours impériales en connaîtront de la manière prescrite par l'article 479 C. instr. crim. »

la Cour d'assises pour délit de diffamation (1).

Or la Cour de cassation se charge elle-même de prouver quelle garantie fournit aux particuliers la compétence établie par la loi de 1810 !

« Attendu, dit un arrêt de cette Cour du » 19 février 1872, que les art. 479 et suiv. » cod. instr. crim. donnent au procureur général *seul* le droit de citer devant la première » Chambre civile de la Cour d'appel, jugeant » correctionnellement, les fonctionnaires dénommés dans ces articles et dans l'article 10 » de la loi du 20 avril 1810, lorsqu'ils ont » commis des délits emportant une peine correctionnelle ;

» Attendu qu'il résulte de cette disposition » que, dans les cas prévus par les articles précités; la première Chambre civile jugeant » correctionnellement, ne peut être légalement » saisie qu'à la requête du procureur général ; que cette prescription tient à la règlementation de la compétence ; qu'elle est » d'ordre public et que la nullité résultant de » son inobservation ne peut être couverte par » le silence des parties ;

» Attendu que dans la cause (il s'agissait » d'un préfet), l'instance a été introduite par

(1) Lois des 27 juillet 1849 et 15 avril 1871.

» les parties civiles seules ; qu'il en ressort
» un moyen de nullité qui peut être invoqué
» pour la première fois devant la Cour de
» Cassation. »

Et la Cour d'assises de la Loire-Inférieure, appliquant le même système, a déclaré non recevable l'action en diffamation portée devant la Cour d'assises par M. Fairand contre M. Lavedan, alors préfet, auquel le ministre avait enjoint de ne pas se présenter. La Cour a décidé, par un long arrêt, qu'au ministère public *seul* appartenait le droit de saisir la Cour d'assises par voie de citation directe ; que ce droit n'appartenait pas à la partie civile (1).

Ainsi, d'après la jurisprudence, la partie lesée par un fonctionnaire public (un préfet, par exemple) n'a pas le droit de le citer, sans le concours du Procureur général, soit devant la première Chambre de la Cour d'appel, soit, en matière de presse, devant la Cour d'assises ; c'est là ce que la Cour de Cassation appelle ne pas apporter d'entrave à la poursuite des fonctionnaires publics ! Nous nous permettrons de ne pas être précisément de son avis !

Ce n'est pas tout. D'autres dispositions, soit des lois générales, soit des lois spéciales, sont une entrave à la poursuite des fonctionnaires,

(1) Arrêt du 6 juin 1874 (*Gazette des Tribunaux* du 17 juin 1874.)

Nous citerons notamment l'art. **114** du Code pénal, d'après lequel : le fonctionnaire public, l'agent ou le préposé du gouvernement qui a ordonné ou fait quelqu'acte arbitraire ou attentatoire soit à la liberté individuelle, soit aux droits civiques d'un ou de plusieurs citoyens, soit à la constitution, est exempt de toute peine, s'il justifie avoir agi par ordre de ses supérieurs pour des objets du ressort de ceux-ci sur lesquels il leur était dû obéissance hiérarchique (1).

Il est temps, suivant nous, de faire disparaître, une fois pour toutes, de nos Codes ces

(1) M. Sansas, membre de l'Assemblée nationale, avait déposé, dans la séance du 10 juin 1874, une proposition de loi ayant pour objet de modifier de la manière suivante l'art. 114 du Code pénal.

« Lorsqu'un fonctionnaire public, un agent ou un préposé du Gouvernement aura ordonné ou fait quelqu'acte *arbitraire* ou *attentatoire* soit à la *liberté individuelle*, soit *aux droits civiques* d'un ou de plusieurs citoyens, soit à la constitution et à la souveraineté du peuple français, il sera condamné à la dégradation civique et la peine d'emprisonnement sera toujours appliquée.

» L'accusé ne pourra exciper pour sa défense de ce qu'il aurait agi par ordre de ses supérieurs.

» Toute partie lésée aura le droit de poursuivre directement, sans autorisation, ni permission préalable, l'auteur ou les auteurs de l'acte arbitraire dont il se plaint, devant le jury du lieu où le crime aura été commis, par assignation pour le plus prochain jour de la session courante, ou de celle qui suivra ; seulement il dé[illegible]ra son assignation au procureur général du ressort, afin qu'il prenne sans retard les mesures que, sous sa responsabilité, il jugera nécessaires et de nature à assurer les effets de la vindicte publique. »

Malheureusement la prise en considération a été repoussée.

dispositions qui avaient leur raison d'être tant que subsistait l'art. 75, de la Constitution de l'an VIII, mais qui, depuis le décret de 1870, sont devenues un véritable anachronisme et sont une négation formelle du principe posé par ce décret. Tant que cette réforme n'aura pas été accomplie, la garantie des intérêts des particuliers ne sera pas complète.

VII.

Les députés-fonctionnaires — L'indépendance de leur votes — Les ministres se donnant un vote de confiance — Le cumul depuis 1789 — Les ambassadeurs nomades — Immunités dangereuses — Mesure urgente à prendre pour la responsabilité des députés-fonctionnaires.

Les avantages du décret du 19 septembre 1870 se trouvent aussi grandement diminués par la faculté laissée au gouvernement de prendre un certain nombre de fonctionnaires publics parmi les députés.

Si nous avions à examiner cette question au point de vue politique, il nous serait facile d'établir que le système admis aujourd'hui est en opposition avec le grand principe de la séparation des pouvoirs

Il est incontestable, en effet, que les représentants de la nation, nommés fonctionnaires publics, se trouvent dans la nécessité de voter pour le gouvernement qui les a choisis. Lui permettre de prendre dans l'Assemblée un certain nombre de fonctionnaires, c'est lui assurer fatalement un certain nombre de voix qui peuvent, à un moment donné, lui donner la majorité. Lorsque l'Assemblée se trouve, comme cela arrive souvent, très-divisée, les voix des députés-fonctionnaires acquièrent une importance capitale, et nous avons eu, dernièrement, cet étrange spectacle de ministères n'obtenant un vote de confiance que grâce aux voix des députés devenus, comme fonctionnaires, les subordonnés du pouvoir exécutif.

D'un autre côté, les fonctions publiques d'une certaine importance suffisent, et au-delà, à occuper la vie d'un homme même laborieux, et le député, qui veut se consacrer à sa mission, a, lui aussi, peu de loisir. Or, avec le système actuel, le député-fonctionnaire néglige presque fatalement ou sa fonction d'agent du gouvernement ou son mandat de représentant, et nous avons vu plusieurs fois, dans ces derniers temps, nos ambassadeurs abandonner leur poste pour prêter, dans des circonstances solennelles, leur appui au gouvernement, en venant prendre part aux votes de l'Assemblée.

Mais, pour rester dans le cadre que nous nous sommes tracé, nous dirons que le cumul des fonctions publiques et du mandat de député a pour résultat de rétablir, dans une certaine limite, la garantie constitutionnelle, de créer des catégories de fonctionnaires et de procurer au gouvernement, lorsqu'il choisit des fonctionnaires parmi les députés, le double avantage de s'assurer des voix précieuses pour les votes de confiance et de soustraire un certain nombre de ses agents à la responsabilité édictée par le décret de 1870.

Un député ne pouvant être poursuivi qu'avec l'autorisation de l'Assemblée, un député fonctionnaire se trouve protégé, comme fonctionnaire, par l'immunité que lui attribue son mandat de représentant. Il ne se trouve donc plus dans la même condition que ses collègues (les fonctionnaires non députés) ; il peut échapper, tant que dure son mandat, à la responsabilité criminelle que le décret de 1870 lui faisait un devoir de supporter en qualité de fonctionnaire public.

En résumé, pour les députés-fonctionnaires, la nécessité de l'autorisation est rétablie ; les intérêts privés peuvent avoir à en souffrir et le principe de l'égalité devant la loi en est atteint.

Nous devons reconnaître que le cumul de certaines fonctions publiques et du mandat de représentant existe depuis longtemps en France; mais il n'est pas sans intérêt de passer en revue les dispositions légales qui se sont succédées, pour tirer ensuite, de cet examen, un enseignement au point de vue de l'avenir.

Le décret des 13-17 juin 1791 n'empêchait pas les fonctionnaires d'être nommés députés ; mais il les empêchait de remplir en même temps leurs fonctions d'agents du gouvernement et de députés.

D'après l'art. 7 : les percepteurs et receveurs des contributions directes, les préposés à la perception des contributions indirectes, les vérificateurs, inspecteurs, directeurs, régisseurs et administrateurs de ces contributions, les commissaires à la trésorerie nationale, les agents du pouvoir exécutif révocables à volonté, ceux qui, à quelque titre que ce fût, étaient attachés au service domestique de la maison du roi, et ceux qui, pour des services de même nature, recevaient des gages et traitements des particuliers, étaient tenus d'opter, s'ils étaient élus membres du corps législatif.

D'après l'art. 8 : l'exercice des fonctions municipales, administratives, judiciaires et de commandant de la garde nationale était incompatible avec celles de représentant au Corps législatif pendant toute la durée de la législature.

D'après l'article 9 : les membres des administrations de département et de district, les procureurs généraux syndics et les procureurs syndics, les maires, officiers municipaux et procureurs des communes, qui étaient députés au Corps législatif, étaient remplacés, comme dans le cas de mort ou de démission.

D'après l'art. 10 : les juges étaient remplacés, pendant la durée de la législature, par leurs suppléants, et le roi était chargé de pourvoir, par des brevets de commission pour le même temps, au remplacement de ses commissaires auprès des tribunaux.

Enfin, d'après l'art. 11 : les militaires qui étaient membres du Corps législatif ne pouvaient pas quitter leurs fonctions de député pour aller prendre le commandement des troupes, sans l'autorisation du Corps législatif.

Comme on le voit, le fonctionnaire-député ne pouvait jamais exercer, à la fois, sa fonction et son mandat ; d'un autre côté, le fonctionnaire pouvait bien être nommé député, mais le député ne pouvait pas être nommé fonctionnaire ; c'est ce qui résulte formellement du texte des articles que nous venons de reproduire. Cela résulte plus catégoriquement encore de l'art. 2

(sect. IV, chap. 2) ainsi conçu, de la Constitution des 3-14 septembre 1791 : « Les mem-
» bres de l'Assemblée nationale actuelle et des
» législatures suivantes, ne pourront être promus
» au ministère ni recevoir aucune place, ou
» pension, traitement ou commission du pou-
» voir exécutif ou de ses agents, pendant la du-
» rée de leurs fonctions, ni pendant deux ans
» après en avoir cessé l'exercice. »

Une loi du 30 germinal an VI consacre les mêmes principes. *Art. 1er*. Les citoyens qui exercent des fonctions publiques pour un temps illimité, ne perdent point leur place par l'acceptation des fonctions législatives ; leur remplacement dans ce cas n'est que provisoire. *Art. 4* : Tout citoyen qui remplit une fonction publique constitutionnellement temporaire et qui est appelé aux fonctions législatives, devient, par le seul fait de l'acceptation de la qualité de législateur, démissionnaire de la place qu'il occupait auparavant.

D'après la Charte de 1814 (art. 54), l'Acte additionnel du 22 avril 1815, (art. 19) et la Charte de 1830 (art. 56), les ministres pouvaient être pris dans la Chambre des Pairs ou dans la Chambre des Représentants.

La Constitution de 1848 déclarait en principe (art. 28) : « Toute fonction publique rétribuée

» est incompatible avec le mandat de représen-
» tants du peuple. Aucun membre de l'Assem-
» blée nationale ne peut, pendant la durée de
» la législature, être nommé ou promu à des
» fonctions publiques salariées dont les titulai-
» res sont choisis à volonté par le Pouvoir exé-
» cutif (1). » Seulement elle renvoyait à la loi électorale organique pour les exceptions qui pourraient être apportées à ces dispositions.

D'après cette loi (art. 85 et 86) étaient exceptés de la prohibition édictée par la Constitution : les ministres, le commandant supérieur des gardes nationales de la Seine ; le procureur général à la Cour de Cassation ; le procureur général à la Cour d'appel de Paris ; le Préfet de la Seine ; les citoyens chargés pendant six mois au plus d'un commandement extraordinaire, soit à l'intérieur, soit à l'extérieur ; les professeurs dont les chaires sont données au concours ou sur présentation faite par leurs collègues, quand ils exercent leur fonction dans le lieu où siége l'Assemblée nationale ; les fonctionnaires appartenant à un corps ou à une administration dans lesquels la distinction entre l'emploi et le grade est établie par une loi.

La Constitution républico-impérialiste du 14 janvier 1852 déclarait que les ministres eux-

(1) D'après l'art. 80 de la loi électorale du 15 mars 1849, cette rohibition compr end six mois après la législature.

mêmes ne pouvaient être membres du Corps législatif (art. 44), et l'art 29 du décret du 2 février 1852 posait le principe formel : « que tout » député au Corps législatif était réputé démis» sionnaire par le seul fait de l'acceptation de » fonctions publiques salariées. »

Enfin, depuis le décret de 1870, une loi en date du 25 avril 1872 pose bien également le principe qu'aucun membre de l'Assemblée nationale ne peut, pendant la durée de son mandat, être nommé à des fonctions publiques salariées, ni, s'il est déjà fonctionnaire, obtenir de l'avancement (art. 1er). Mais elle excepte de cette prohibition les fonctions données au concours ou à l'élection ; les fonctions de ministre, de sous-secrétaire d'Etat, d'ambassadeur, de ministre plénipotentiaire et de préfet de la Seine. Elle autorise, en outre, les membres de l'Assemblée à recevoir du gouvernement des missions extraordinaires et temporaires, à l'intérieur et à l'étranger.

Lors de la discussion de cette loi, on a contesté, et avec raison, les exceptions prononcées au profit des sous-secrétaires d'Etat et des ambassadeurs ou ministres plénipotentiaires.

Nous comprenons qu'au point de vue politique, il soit utile de laisser au gouvernement le droit de choisir les ministres dans l'Assemblée, car il importe au succès du régime parlementaire que le pouvoir exécutif prenne un cabinet dans la majorité ; seulement nous avons vu, dans une circonstance récente, l'étrange abus fait de cette disposition par le gouvernement, qui, après un vote de l'Assemblée renversant le ministère, est allé chercher un nouveau ministère dans les rangs de la minorité. D'un autre côté, on se demande pourquoi l'exemption s'étend aux sous-secrétaires d'État et surtout aux ambassadeurs ou ministres plénipotentiaires appelés par leurs fonctions à toutes les extrémités de l'Europe.

Dans tous les cas, il y aurait, suivant nous, une mesure à prendre immédiatement pour garantir les intérêts des citoyens qui se trouveraient lésés par des actes illégaux des députés-fonctionnaires. Ce serait de déclarer que l'immunité accordée aux députés (1), ne serait pas applicable aux députés-fonctionnaires pour les actes relatifs à leurs fonctions.

(1) Voir sur cette immunité :

Décrets des 23 juin 1789, 18 et 20 juin 1790 et 16 mai 1791. — *Constitution* des 3 et 14 sept. 1791. titre III, ch. II, sect. 54, art. 7 et 8. — *Constitution* du 24 juin 1793, art. 43 et 44. — *Constitution* du 5 fructidor an III (22 août 1795), art. 110. — *Constitution* du 22 frimaire an VIII (13 décembre 1799), art. 6. — *Charte* de 1814, art. 52. — *Charte* de 1830, art. 44. — *Constitution* de 1848, art. 37. — Décret du 2 février 1852, art. 11.

VIII.

Effet rétroactif du décret de 1870. — Prescription de trente ans. — Demande précédemment formée. — Défaut d'autorisation. — Refus d'autorisation. — Admission d'une demande nouvelle fondée sur les mêmes faits. — Grande enquête à faire devant la justice sur les fonctionnaires de l'empire.

La première question à se poser, sur le mode d'application du décret du 19 septembre 1870, est celle de savoir s'il a un effet rétroactif.

Elle a été résolue par un arrêt de la Cour de Cassation en date du 22 avril 1874. Cette décision est ainsi conçue.

La Cour ;

« Vu l'art. 2 Cod. civ. et l'art. 75 de la » Constitution de l'an VIII (1).

« Attendu que par sentence du 6 juillet » 1864, le juge de paix du Catelet avait déclaré » la demande de Flaurent contre Médard-Le- » clerc, alors maire de la commune de Lempiré, » non recevable quant à ce présent pour défaut » d'autorisation préalable du Conseil d'Etat ; » que le tribunal de Saint-Quentin, saisi en » 1871 de l'appel de cette sentence, l'a confir- » mée en se fondant sur ce que le décret du » 19 septembre 1870 n'est pas applicable aux » faits antérieurs à sa promulgation. »

(1) Art. 2 du Code civil. « La loi ne dispose que pour l'avenir ; elle n'a point d'effet rétroactif.

» Attendu que ce motif repose sur une fausse » application du principe de la non rétroac- » tivité des lois ; qu'en effet, la garantie crée » par l'art. 75 de la constitution de l'an VIII » avait été établie, non dans l'intérêt personnel » des fonctionnaires publics, mais dans l'inté- » rêt de l'administration, afin de protéger son » action contre les procès vexatoires qui auraient » pu l'entraver ; d'où il suit que cette garantie » a pu être supprimée sans que les fonction- » naires soient fondés à se prévaloir d'aucun » droit acquis, même pour leurs actes antérieurs » au décret qui a prononcé l'abrogation ;

» Attendu qu'il importe peu que l'action » ait été intextée contre Leclerc avant ce décret » et même qu'il soit intervenu une sentence » déclarant la demande non recevable quant à » présent, à défaut d'autorisation ; que cette » décision, toute provisoire, n'ayant fait que » suspendre l'exercice de l'action jusqu'à ce » que l'autorisation, alors nécessaire, eut été » obtenue, l'instance a pu être continuée sans » remplir cette formalité, dès que le décret » l'a déclarée inutile.

» Attendu en conséquence que le tribunal » de Saint-Quentin, saisi par l'appel de Fla- » ment après la promulgation du décret qui » avait abrogé l'art. 75 de la Constitution de

» l'an VIII, aurait dû rejeter l'exception fondée
» sur le défaut d'autorisation préalable ;
» qu'en confirmant la sentence du juge
» de paix du Catelet qui avait admis cette
» exception, le jugement attaqué a violé le
» décret ci-dessus et faussement appliqué
» l'art. 2, Cod. civ. — Casse. »

La conséquence du principe juridique admis par la Cour suprême est très-importante, car la prescription générale pour les actions civiles étant de 30 ans, on peut aujourd'hui poursuivre la réparation du préjudice causé depuis 1855 par les fonctionnaires publics aux simples particuliers, et le nombre en est grand, qui ont eu à se plaindre d'abus de pouvoirs de la part des agents du régime impérial.

Nous ne voyons même pas pourquoi la justice n'admettrait pas une demande de cette nature, alors qu'une demande basée sur les mêmes faits aurait été *définitivement* déclarée non recevable une première fois, faute d'autorisation du conseil d'Etat (1).

Sans doute, si la demande avait été portée devant les tribunaux et repoussée comme mal fondée, elle ne pourrait plus se produire de nouveau, car il y aurait chose jugée entre

(1) Dans l'affaire jugée par la Cour de Cassation, la demande n'avait été déclarée non recevable que par un jugement susceptible d'appel.

les parties. Il serait irrévocablement admis que le fait formant l'objet de la réclamation ou était inexact, ou ne donnait pas lieu à indemnité ; il n'y aurait pas lieu à revenir sur cette décision.

Mais il n'en serait pas de même si la demande avait été déclarée non recevable faute d'autorisation du Conseil d'Etat, car, dans ce cas, il n'y avait pas chose jugée au fond, la justice avait décidé qu'en l'état, la demande ne pouvait pas lui être déférée. Il est évident que le demandeur aurait pu produire de nouveau sa réclamation à la condition d'obtenir l'autorisation du Conseil, et qu'il avait pour cela trente ans à partir du jour où s'étaient passés les faits sur lesquels il s'appuyait pour intenter son action. Or, s'il pouvait, lorsque l'autorisation du conseil d'Etat était nécessaire, recommencer les poursuites en obtenant cette autorisation, il peut la recommencer aujourd'hui sans cette autorisation, puisque une telle autorisation n'est plus nécessaire.

Nous en dirons autant du cas où l'autorisation aurait été refusée par le Conseil d'Etat. En effet, si le Conseil d'Etat appréciait les faits pour arriver à donner ou à refuser l'autorisation, il n'était pas cependant *légalement* le juge du fait ; une fois l'autorisation donnée il était dessaisi, et la juridiction ordinaire devenait seule compétente pour statuer sur l'objet de la demande. Lorsque, au contraire, l'autorisation était refusée, la demande ne pouvait pas être portée devant les tribunaux ; mais si l'exercice du droit était ainsi paralysé par l'art. 75 de la Constitution de l'an VIII et le refus du Conseil d'Etat, le principe de ce droit n'en existait pas moins au profit du simple citoyen, et du moment où la nécessité de l'autorisation, préalable disparaît, l'action peut être portée devant les tribunaux.

Il faut donc, suivant nous, conclure de l'interprétation donnée, par la Cour de Cassation, au décret du 19 septembre 1870 :

Que les particuliers peuvent réclamer devant les tribunaux la réparation du préjudice qui leur aurait été injustement causé, depuis moins de trente ans, par des fonctionnaires publics :

Qu'il en serait ainsi, alors même qu'une demande, fondée sur les mêmes faits, aurait été déclarée non recevable, faute d'autorisation du Conseil d'Etat, ou alors même que l'autorisation aurait été refusée par ce conseil.

Le seul cas où la demande ne pourrait pas être reproduite, serait celui où elle aurait été repoussée comme mal fondée.

Nous attachons, pour notre part, une grande mportance à cette observation, car nous serions heureux de voir se dérouler au grand jour de l'audience les nombreuses illégalités de tout genre commises par certains fonctionnaires de l'empire. Ce serait là une grande et solennelle enquête qui éclairerait l'opinion publique sur la moralité du régime impérial. Le parti de Napoléon IV qui, après les malheurs de la France, avait eu la pudeur de se dissimuler, relève aujourd'hui la tête avec cynisme. Il feint d'oublier qu'il a dilapidé les finances, perpétuellement menti à ce programme trompeur : l'empire c'est la paix, préparé par sa présomptueuse incurie la perte de deux provinces. Lui qui a vu l'empire tomber au 4 septembre sous le mépris public, comme se réduit en poussière une poutre rongée par les vers, il ne craint plus aujourd'hui de se poser en victime.

Il est temps que le voile se déchire ; il est temps qu'une enquête, patiente, mûrement élaborée, soit faite par la magistrature avec toute l'autorité qui s'attache à ses actes, avec la publicité, qui, dans les luttes ouvertes devant elle, sont une garantie pour le vaincu comme pour le vainqueur.

Si les citoyens comprennent leurs devoirs, s'ils portent sans passion devant la justice leurs trop nombreuses et trop légitimes réclamations, l'esprit public sera enfin éclairé sur le bonheur que prétendent nous réserver les champions du régime impérial. Peut-être alors serons-nous enfin délivrés de cette épée de Damoclès qui nous menace de nouveaux malheurs. Le moyen le plus sûr de faire repousser, comme une honte, de tous les honnêtes gens, le régime impérial, c'est d'en dévoiler les mystères.

Faisons donc tous nos efforts pour produire la lumière sur les dix-huit années d'absolutisme qu'a subies la France, et, si nous pouvons convaincre les indifférents, nous aurons rendu un immense service à notre pays. Le décret du 19 septembre 1870 nous ouvre une voie pour arriver à ce bienheureux résultat ; c'est à nous de ne pas le négliger.

IX.

La responsabilité des fonctionnaires et l'indigence des réclamants. — Un département ou une commune pourrait-il demander l'assistance judiciaire ?

Le droit d'intenter une action contre le fonctionnaire qui aurait commis des actes illégaux appartient à tous les simples citoyens. Ceux qui se trouveraient dans l'état d'indigence pourraient, sans aucun doute, demander l'assistance judiciaire, en vertu de la loi du 22 janvier 1851.

Mais cette loi pourrait-elle être invoquée par un département ou une commune ?

Il se peut que l'une ou l'autre ait une action utile à exercer contre un fonctionnaire et se trouve dans l'impossibilité de subvenir aux frais du procès. Si la loi ne venait pas à son secours et ne lui fournissait pas les moyens de plaider, le bénéfice du décret du 19 septembre 1870 serait en partie détruit. Le fonctionnaire public se verrait garanti contre les réclamations de la commune, ou du département dénué de ressources, tandis qu'il ne serait pas garanti contre l'action du simple particulier même indigent. Il faut que tous soient égaux devant la loi; nous verrions un danger social à ce que les départements et les communes ne fussent pas, aussi bien que les particuliers, protégés vis-à-vis des fonctionnaires publics ; car, sans cela, les agents du gouvernement pourraient impunément commettre des exactions et des actes illégaux vis-à-vis des départements ou des communes pauvres ; dès-lors l'esprit du décret du 19 septembre 1870 se trouverait complètement fausssé, le principe de moralité que ce décret a pour but de consacrer serait violé.

Bien heureusement, la loi de 1851 n'interdit pas au bureau d'assistance judiciaire d'en accorder le bénéfice aux départements et aux communes qui en auraient réellement besoin. Nous ajouterons qu'une décision favorable du bureau ne serait susceptible d'aucun recours (1).

X.

La consigne du fontionnaire. — L'obéissance passive pour faire le mal. — Un moyen facile de défense. — Le fonctionnaire rabaissé par lui-même. — Les ministres devant les constitutions. — Le système libéral de l'Angleterre. — Réforme nécessaire.

L'une des plus graves questions que soulève l'application du décret du 19 septembre 1870 est celle de savoir si le fonctionnaire public est dégagé de toute responsabilité par cela seul que son supérieur aurait ordonné ou approuvé, l'acte formant l'objet de la réclamation.

Sous l'empire de l'art. 75 de la Constitution de l'an VIII, il a été décidé à plusieurs reprises que, du moment où le supérieur avait ordonné ou approuvé l'acte du fonctionnaire attaqué, ce dernier se trouvait dégagé de toute responsabilité.

Nous devons ajouter que, d'après l'art. 114 du code pénal déjà cité par nous : « Le fonc-
» tionnaire public, l'agent ou le préposé du
» Gouvernement qui a ordonné ou fait quel-

(1) Art. 12 de la loi de 1851.

» qu'acte arbitraire ou attentatoire soit à la li-
» berté individuelle, soit aux droits civiques
» d'un ou de plusieurs citoyens, soit à la Cons-
» titution, est exempt de toute peine, s'il justifie
» avoir agi par ordre de ses supérieurs, pour
» des objets du ressort de ceux-ci, sur lesquels il
» leur était dû obéissance hiérarchique. »

Nous ne saurions, pour notre part, admettre ce principe, qui a pour effet de détruire tout le bénéfice du décret de 1870.

Sans doute, le fonctionnaire public doit de la déférence à son supérieur ; il est, dans la plupart des cas, obligé de lui demander son avis avant de prendre une mesure quelconque ; mais, comme le fait avec raison remarquer M. Dalloz : « Il existe une grande différence entre le sol- » dat et le fonctionnaire public. » (1) Le soldat est tenu à une obéissance passive, il n'a pas le droit de discuter les ordres qui lui sont donnés ; il n'a pas le droit de se refuser à les exécuter, car il est tenu de rester soldat, il ne peut se fonder sur la prétendue injustice d'un ordre reçu de son supérieur pour abandonner sa position ; il remplit en servant son pays, une obligation qu'il doit remplir pendant tout le temps fixé par son engagement, ou par son réengagement, ou par la loi. Il n'en est pas de

(1) *Répertoire général*. V° *Fonctionnaire public*, n° 97.

même du fonctionnaire public : celui-ci peut discuter avec son supérieur et chercher à le convaincre de la justesse de ses observations ; s'il n'y parvient pas, il a toujours la ressource de donner sa démission et de se refuser à un acte qu'il croirait coupable.

Le fonctionnaire public, actionné devant les tribunaux, ne devrait donc pas, suivant nous, pouvoir se retrancher derrière l'ordre ou l'approbation de son supérieur. Sans cela, le décret de 1870 n'est plus qu'une trompeuse illusion ; et ce qui le prouve c'est que dans toutes les constitutions où la responsabilité des ministres est établie, on prend bien soin de poser en principe qu'ils ne seront pas couverts par le chef de l'Etat.

Ainsi la constitution des *Principautés-Unies* stipule que : « En aucun cas l'ordre verbal ou » écrit du Prince, ne peut soustraire un minis- » tre à la responsabilité (1). » La Constitution de la *Grèce* (2), celle du *Brésil* (3), et la Constitution française des 3=14 septembre 1791 (titre III, ch. II, sect. 4, art. 6) renferment une disposition identique.

Il y a mieux. Le principe que nous soutenons est formellement consacré, à l'égard de

(1) Constitution du 30 juin 1866.
(2) *Constitution* des 16 et 28 novembre 1864.
(3) Constitution du 25 août 1824.

tous les fonctionnaires sans exception, par la Constitution de l'Angleterre : « Tout dépo-
» sitaire de l'autorité, tout agent civil ou
» militaire qui a lésé, dit-elle, un citoyen,
» exécuté ou ordonné un acte portant illéga-
» lement atteinte au droit garanti par la loi,
» est personnellement responsable, sans qu'il
» puisse exciper des instructions à lui données
» par ses supérieurs hiérarchiques (1). »

Nous nous demandons comment le principe admis dans la constitution royale d'Angleterre ne le serait pas en France, sous le régime républicain. Le jour où la loi contiendra une disposition de ce genre, les fonctionnaires publics ne se décideront plus si facilement à blesser, sans utilité, les intérêts des particuliers. Le meilleur moyen d'éviter les exactions, de protéger les droits légitimes des simples citoyens, et, par suite, de diminuer le nombre des procès contre les fonctionnaires publics, c'est de rendre ces derniers ***sérieusement*** responsables de leurs actes, et de ne pas leur permettre d'employer des subterfuges de toute nature pour éviter l'effet d'un recours parfaitement justifié vis-à-vis d'eux.

(1) Laferrière. — *Les Constitutions d'Europe et d'Amérique*, p. 423.

XI.

Le code pénal et les fonctionnaires publics. — Le droit et l'abus. — L'état de siége. — Les commandants militaires et la presse. — La force prime le droit. — L'état de siége déclaré pour un article de journal. — Le Conseil d'Etat et l'autorité militaire. — L'interdiction et la suppression. — Le colportage et la distribution des journaux. — La science juridique des Préfets. — Interdiction de la vente sur la voie publique. — Arrêtés illégaux. — Suspension des Conseils Municipaux. — Aménités de MM. les Préfets. — Diffamation. —

Le code pénal prévoit et punit un grand nombre de crimes et délits que peuvent commettre les fonctionnaires publics, notamment :

Les attentats à la liberté (art. 114 et suiv.) ;

La coalition (art. 123 et suiv) ;

L'empiètement sur le pouvoir administratif ou judiciaire (art. 127 et suiv.) ;

Le faux (art 147 et suiv. et loi du 13 mai 1863);

Les soustractions commises par les dépositaires publics (art. 169 et suiv.) ;

Lés concussions (art. 176 et loi du 13 mai 1863) ;

L'ingérence dans des affaires ou commerces incompatibles avec la qualité de fonctionnaire public (art. 175, 176) ;

Les abus d'autorité contre les particuliers (art. 184 et suiv.) ;

Les abus d'autorité contre la chose publique (art. 188 et suiv.) ;

Les délits relatifs à la tenue des actes de l'état civil (art. 192 et suiv.) ;

L'exercice de l'autorité publique illégalement anticipé ou prolongé (art. 196 et 197).

Les attentats aux mœurs (loi du 13 mai 1863, (art. 333 code pénal) ;

Les abus de confiance (loi du 13 mai 1863 — art. 408 cod. pén.).

Et la loi regarde comme tellement graves, au point de vue de l'ordre social, les crimes et délits commis par les fonctionnaires publics, qu'elle déclare constituer une forfaiture tout crime commis par eux dans l'exercice de leurs fonctions (art. 166 cod pén.) et frappe d'une peine sévère les fonctionnaires qui, « hors des » cas où la loi règle les peines encourues par » eux, ont participé à d'autres crimes ou délits » qu'ils étaient chargés de réprimer ou de sur- » veiller. (art. 196 cod pén.). »

L'application de ces dispositions ne saurait amener de difficultés sérieuses dans la pratique, et les particuliers auraient incontestablement le droit, soit de se porter partie civile, soit d'intenter une action civile en réparation du préjudice que leur causerait un crime ou un délit commis par un fonctionnaire.

Mais la question est plus délicate en cas de délits spéciaux, comme celui de diffamation, par exemple, ou en cas de faits dommageables ne constituant ni crime ni délit.

Il est incontestable que le fonctionnaire peut causer un préjudice à certaines personnes, sans être responsable de ce préjudice. Ainsi, comme le dit avec raison M. Berriat Saint-Prix :

« L'individu condamné à une certaine peine
» par un jugement régulier, le propriétaire
» que l'autorité administrative somme de dé-
» molir sa maison menaçant ruine, ne seraient
» pas écoutés, s'ils demandaient une réparation
» pécuniaire de la part du juge ou de l'admi-
» nistration (1). »

Mais il est souvent difficile de décider où finit le droit, où commence l'abus.

Nous croyons que le fonctionnaire n'est pas en faute, lorsqu'il agit en vertu de la loi ou d'une décision de justice ; à ce cas ne doit pas s'appliquer l'art. 1382 du code civil, d'après lequel : « Tout fait quelconque de l'homme,
» qui cause à autrui un dommage, oblige celui
» par la faute duquel il est arrivé, à le répa-
» rer. »

Il y a lieu, au contraire, à responsabilité civile, si le fonctionnaire public agit sans droit vis-à-vis de la personne à laquelle il cause un préjudice.

(1) *Charte Constitutionnelle*, p. 336.

Quelques faits récents nous permettront de préciser notre pensée.

Une loi du 9 août 1849 règle, on le sait, les cas dans lesquels l'état de siége peut être déclaré, les formes de la déclaration et les effets de l'état de siége. Cette loi, dont on a fait un si étrange abus, date, il faut bien le dire, de la République, mais du temps où le futur empereur était déjà président. C'est une loi mauvaise en ce qu'elle permet de sacrifier à un intérêt politique les droits les plus légitimes des citoyens ; c'est la loi du sabre appliquée en temps de paix, et nous avons eu la douleur, lorsque nous étions sous-préfet de Reims, en 1871, de la voir invoquer par les Prussiens, qui étaient heureux de se servir de cette loi française pour opprimer les Français.

Mais la loi de 1849 ne permettait, du moins, de déclarer l'état de siége qu'en cas de péril imminent pour la sécurité intérieure ou extérieure et elle exigait l'intervention du pouvoir législatif. Nous n'avons pas besoin de dire que le *Prince* — président devenu empereur, après avoir trahi son serment de fidélité à la République, a su s'attribuer le droit de déclarer l'état de siége suivant son bon plaisir. Aux derniers jours de l'empire, l'impératrice-régente a usé avec frénésie de cette arme terrible ; elle a mis une assez grande partie de la France en état de siége et nous avons vu, dans ces derniers temps, les ministres monarchistes de la République invoquer les décrets rendus par l'empire aux abois. On est allé jusqu'à rechercher dans les cartons poussiéreux des préfectures les décrets qui avaient pu être rendus à la veille de la guerre et on s'est fondé sur ces décrets, vierges de toute publication, pour appliquer plus facilement en France le précepte de M. de Bismarck : *la force prime le droit* (1). Nous avons même vu, chose plus étrange encore, un ministre ne pas pouvoir définir si un département (celui de l'Yonne, croyons-nous) était ou n'était pas en état de siége.

Le gouvernement ne s'est pas contenté de profiter des décrets rendus sous l'empire, il a trouvé dans la déclaration de l'état de siége un moyen commode de baillonner la presse ; il y a peu de temps, il a déclaré l'état de siége à Alger, par le motif qu'un journal de la localité avait publié un article qui ne plaisait pas.

(1) La Cour de Cassation a décidé, par arrêt du 22 Juin 1874, que l'insertion, au *Bulletin des actes administratifs de la préfecture*, du décret déclarant l'état de siége dans un département, suffisait pour rendre légale cette déclaration (*Gazette des Tribunaux* du 26 Juin 1874).

Voilà où on en arrive avec des lois dangereuses comme celle de 1849 !

Grâce à cet admirable système qui assimile des départements entiers à une ville assiégée, les généraux peuvent, à leur guise, faire violence à leurs sentiments de profonde sympathie pour la presse, interdire la vente sur la voie publique des journaux qui n'ont pas le don de leur plaire, les suspendre ou même les supprimer ; car le Conseil d'Etat a décidé : « que le droit » de supprimer un journal dans une ville en » état de siége résulte, pour l'autorité militaire, » de la faculté d'interdire qui lui est conférée » par l'art. 9 de la loi du 9 août 1849 (1). » C'est là ce que l'on peut appeler une application fantaisiste de ce brocard de droit : *Odia sunt restringenda.*

Il est donc malheureusement certain que les généraux commandant les départements en état de siége ne peuvent être assignés en réparation du dommage causé par la suppression des journaux ; les journalistes qui ne peuvent plus manifester leurs opinions, les ouvriers qui n'ont plus de travail pour gagner de quoi nourrir leur famille, doivent s'incliner et se contenter d'attendre un avenir meilleur.

(1) Arrêt du 5 janv. 1874. (*La France Républicaine* de Lyon contre le ministre de la guerre). — *Gazette des Tribunaux* du 6 juin 1851.

Mais si le droit d'interdire un journal sur le territoire soumis à l'état de siége autorise à le supprimer, il a du moins été reconnu par la la Cour de Cassation que la suppression permise par la loi sur l'état de siége du 9 août 1849 ne saurait être assimilée à la suppression et à la suspension permise par le décret du 17 février 1852.

« Attendu, dit la Cour de Cassation, qu'il » n'est pas exact d'assimiler *l'interdiction* » permise par le législateur de 1849 à la *sup-* » *pression* ou à la *suspension* permise par le » législateur de 1852 ; »

» Que ces deux mesures sont, au contraire, » essentiellement différentes, soit dans leur prin- » cipe, soit dans leurs effets : l'une exceptionnelle » et prise pour les temps difficiles et troublés, » l'autre générale s'appliquant à une situation » régulière et tranquille ; l'une dépendant uni- » quement de la volonté du commandant de » l'état de siége et produisant immédiatement » tout son effet, l'autre appartenant à l'autorité » judiciaire (qui, depuis la loi du 11 mai 1868, » a seule le droit de la prendre), et soumise par » cela même à des formalités ou des lenteurs » incompatibles avec le régime de l'état de » siége ; l'une exécutoire seulement dans le » rayon de l'état de siége, l'autre exécutoire dans

» toute la France ; l'une pouvant frapper toutes
» les publications, journaux, livres et brochu-
» res, l'autre restreinte aux publications de la
» presse périodique (1). »

Il résulte de cet arrêt que la suppression d'un journal sur un territoire soumis à l'état de siége n'empêche pas la publication du même journal en dehors de ce territoire ; par conséquent, l'autorité qui voudrait empêcher la publication en dehors du territoire soumis à l'état de siége, commettrait un excès de pouvoir qui la rendrait responsable, vis-à-vis des parties lésées, du préjudice causé par cette mesure arbitraire.

Il en serait de même dans le cas où un préfet voudrait appliquer la loi du 27 juillet 1849 sur le colportage, en dehors des cas prévus par cette loi.

L'art. 6 déclare que tous distributeurs ou colporteurs de livres, écrits, brochures, gravures et lithographies devront être pourvus d'une autorisation qui leur sera délivrée, pour le département de la Seine, par le préfet de police, et pour les autres départements, par les préfets.

Comme on le voit, cet article ne s'applique

Arrêt du 10 avril 1874 (l'*Avenir National*) — *Gazette des Tribunaux* du 18 avril 1874).

en aucune façon à la distribution d'un journal à ses abonnés, ce qui n'a pas empêché les préfets de l'ordre moral, de chercher à se servir de cette disposition pour empêcher les journaux, auxquels ils avaient interdit la vente sur la voie publique, de faire la distribution aux abonnés.

Le préfet de la Haute-Garonne, ayant trouvé bon d'interdire la vente sur la voie publique au journal *la Dépêche* de Toulouse, a trouvé encore meilleur de rendre impossible la distribution du journal au domicile des abonnés par l'intermédiaire de porteurs spéciaux. Aussitôt, le préfet de la Somme a suivi ce noble exemple à l'égard du *Progrès de la Somme*, et le préfet de la Gironde, jaloux des trophées de ses deux collègues, a manifesté les mêmes intentions bienveillantes à l'égard de *la Gironde*.

Bien heureusement la Cour de Cassation s'est permis de critiquer la science juridique de ces préfets trop zélés ; elle a jugé : que l'art. 6 de la loi du 27 juillet 1849 réprimant le colportage et la distribution sur la voie publique des écrits non autorisés, est inapplicable aux porteurs d'un journal faisant le service des abonnés ; que la loi n'a pas assimilé la distribution aux abonnés à leur domicile, à la distribution ou vente sur la voie publique.

« Attendu, dit la Cour de Cassation que les faits
» reprochés à la femme Delmas ne sauraient
» constituer la contravention prévue et punie
» par l'article 6 de la loi de 1849 ; que, d'une
» part, en effet, la prévenue n'a ni vendu ni re-
» mis gratuitement aucun exemplaire du journal
» la *Dépêche* à des personnes se trouvant sur la
» voie publique ; que, d'une autre part, le pas-
» sage sur cette voie de la femme Delmas
» portant ostentiblement le journal ne constitue
» pas un fait de colportage et que la remise,
» qui a eu lieu à domicile, n'ayant été faite qu'à
» des abonnés qui étaient venus d'eux-mêmes
» s'inscrire en cette qualité aux bureaux du
» journal, cette remise, qui n'était que l'exécu-
» tion d'une convention antérieure, ne peut être
» considérée comme un des faits de distribution
» illicite que l'article 6 a eu pour objet de répri-
» mer (1) ; »

On peut donc affirmer que si les préfets ont le droit d'interdire à un journal la vente sur la voie publique, ils commettent un excès de pouvoir, lorsqu'ils prétendent exiger une autorisation pour les personnes chargées de distribuer le journal au domicile des abonnés.

Nous nous permettrons même d'émettre un

(1) Arrêt du 5 février 1874. (*La Dépêche*) — *Gazette des Tribunaux* des 16 et 17 février 1874).

doute sur la légitimité des arrêtés par lesquels les préfets s'amusent à chasser de la voie publique tous les journaux qui ne sont pas bien pensants.

Nous savons bien qu'en parlant ainsi, nous ne sommes pas précisément agréable à tous nos confrères de la presse indistinctement, par exemple, aux honorables rédacteurs de la *Gazette des tribunaux* ; mais nous avons la consolation d'être d'accord avec les rédacteurs du *Droit* et avec le savant M. Guyho, rapporteur à la Cour de Cassation, dans l'affaire que nous venons de citer.

« Dans l'espèce, disait-il, pourquoi le » journal la *Dépêche* a-t-il été interdit sur la » voie publique ? Parce qu'il contient, dit l'ar- » rêté, les attaques les plus violentes contre » l'ordre social et énonce des principes des- » tructifs de toute morale. C'est là, on en » conviendra, une accusation un peu vague » et surtout sans rapport immédiat avec la » facile circulation dans les rues. Le préfet, » évidemment, apprécie et condamne les doc- » trines du journal prises en elles-mêmes, en » dehors de l'effet qu'elles peuvent produire » sur les foules et du désordre qu'elles sont » susceptibles de provoquer sur la voie publi- » que. Il statue ainsi administrativement, sans

» entendre la défense, *se faisant juge et par-*
» *tie*. N'est-ce pas envahir sur le domaine de la
» justice, rétablir une sorte de censure, reve-
» nir sur l'abandon de l'autorisation préalable
» des journaux, détourner la loi de 1849 de son
» véritable sens, et faire enfin des lois de po-
» lice, qu'on n'ose même pas invoquer, un abus
» choquant ? Dès-lors, un tel arrêté peut-il être
» considéré comme légal ? A-t-il force obliga-
» toire ? Au cas où vous l'admettriez cepen-
» dant, en vous appuyant sur le caractère
» général et absolu de la prohibition contenue
» dans l'article 6 de la loi de 1849, il faudra
» vous demander en second lieu, si, en prenant
» l'arrêté préfectoral tel qu'il est, la femme
» Delmas y a, en réalité, contrevenu, autrement
» dit, si l'acte qui lui est reproché sur la voie
» publique tombe sous le coup de cet arti-
» cle 6. »

La question d'illégalité de l'arrêté préfectoral n'ayant pas été soumise par le pourvoi de la dame Delmas, à l'appréciation de la Cour suprême, elle n'a pas pu être résolue ; mais nous espérons bien qu'elle sera un jour ou l'autre portée devant la justice et que des arrêts définitifs établiront que les arrêts d'interdiction de la voie publique, qui paraissent aujourd'hui constituer un droit, ne constituent que des abus rendant les préfets responsables du préjudice indûment causé par eux.

La responsabilité civile se trouve également engagée, suivant nous, dans un autre cas.

L'art. 15 de la loi impériale du 5 mai 1855 donne aux préfets le droit de suspendre et au gouvernement le droit de dissoudre les conseils municipaux ; par conséquent la suspension et la dissolution ne peuvent donner lieu, en principe, à une action en responsabilité.

Mais il n'en est plus de même lorsque l'arrêté de suspension ou de dissolution contient des imputations diffamatoires contre les conseillers municipaux ; ainsi, l'arrêté pris le 30 mars dernier par le préfet des Bouches-du-Rhône nous paraît de nature à engager la responsabilité de ce fonctionnaire ; en effet, il ne saurait être permis, même à des fonctionnaires publics, de lancer impunément des attaques comme celles contenues dans le préambule de l'arrêté dont nous parlons. « C'est la population ouvrière, disait le préfet, qui supporte principalement les conséquences de la situation financière due au conseil municipal, puisqu'il a établi de nouvelles taxes d'octroi sur certaines denrées alimentaires et a augmenté les anciennes, sans pouvoir combler le déficit actuel.

« En outre, le conseil municipal a compromis l'existence des associations de bienfaisance les plus utiles en leur retranchant toute allocation, et ne s'est pas préoccupé de l'obligation morale qui en résulterait pour la ville de venir en aide aux malheureux privés de secours, ni de l'aggravation de charges qu'aurait à supporter le budget municipal par suite de la disparition de ces « œuvres. »

Et plus loin :

« Considérant qu'il est établi, par les témoignages précis et concordants de nombre de personnes entendues dans l'enquête, et notamment de boulangers et de bouchers, qui ont reçu les bons de pain et de viande, que plusieurs membres du conseil municipal auxquels ces bons avaient été remis les ont irrégulièrement employés ou même affectés à leur usage personnel, au détriment des indigents, qui devaient seuls en profiter. »

Si ces faits étaient vrais. le devoir du préfet eût été de saisir le parquet qui aurait poursuivi les coupables ; mais il n'avait pas le droit de stigmatiser publiquement la conduite des personnes qu'il ne mettait pas à même de se défendre. Il le pouvait d'autant moins, qu'il parlait de personnes qui, d'après lui : « apportaient un esprit de résistance systématique aux décisions de l'administration, » et qu'il devait être plus facilement soupçonné de les accuser injustement ; sa position vis-à-vis le conseil municipal de Marseille devait lui imposer une circonspection toute particulière.

Nous insistons sur cette affaire, parce qu'il faut que les fonctionnaires publics comprennent enfin la nécessité de ne pas se jouer de la fortune, de l'honneur et de la considération des citoyens. Tant qu'ils s'attribueront le droit de tout sacrifier à leur besoin de faire du zèle, tant que le moindre petit fonctionnaire se regardera comme un potentat, se mettra au-dessus de la loi et violera inpunément les droits des citoyens, les fonctionnaires publics seronts honnis de leurs administrés, l'autorité ne sera pas respectée, l'exécution de la loi ne sera pas garantie.

XII.

CONCLUSION.

Le décret du 19 septembre 1870, qui abroge l'article 75 de la Constitution de l'an VIII est un véritable bienfait.

Loin de nuire à la considération des fonctionnaires publics, comme trop souvent on feint de le croire, il ne peut que leur procurer l'estime des administrés et faire respecter davantage l'autorité ; à ce premier point de vue déjà, il est une puissante garantie pour l'ordre social.

D'un autre côté, il assure la protection des droits privés, il ne permet plus aux agents du pouvoir de se jouer inpunément de la fortune, de l'honneur et de la considération des simples particuliers ; à ce second point de vue encore, il constitue une puissante garantie pour l'ordre social.

Mais la rédaction de ce décret se ressent de la précipitation avec laquelle il a été rendu, et plusieurs mesures restent à prendre pour rendre complètement efficace la mesure adoptée.

Ainsi il serait urgent :

De déterminer d'une manière précise quelles sont les dispositions des lois générales ou spéciales ayant pour objet d'entraver les poursuites dirigées contre des fonctionnaires publics de tout ordre et abrogées par le décret de 1870 ;

De déclarer responsables, comme fonctionnaires, les députés admis à exercer des fonctions publiques ;

De déclarer que le fonctionnaire ne sera pas dégagé de sa responsabilité légale par le concours ou l'approbation de son supérieur hiérarchique.

FIN.

www.ingramcontent.com/pod-product-compliance
Ingram Content Group UK Ltd.
Pitfield, Milton Keynes, MK11 3LW, UK
UKHW020200200726
13856UKWH00003B/1093